UN PENSAMIENTO PARA CADA DÍA/22
Colección dirigida por José A. Martínez Puche, O.P.

366 textos de
El Padre Pío

Pensamientos de San Pío de Pietrelcina

Selección de textos:
ANTONIO GONZÁLEZ

EDIBESA
Juan de Urbieta, 51
28007 MADRID
Tel.: 91 345 19 92
E-mail: Info@edibesa.com
www.edibesa.com

Colección:
«UN PENSAMIENTO PARA CADA DÍA», n.º 22

© EDIBESA 2010
Juan de Urbieta, 51
28007 Madrid
Tel.: 913 45 19 92
Email: Info@edibesa.com
www.edibesa.com

ISBN: 978-84-8407-956-9
Depósito legal: M. 22.391-2010

Impreso en España - Printed in Spain

INTRODUCCIÓN

El Padre Pío, Francisco Forgione, nació en Pietrelcina (Benevento), un pueblo del sur de Italia, el 25 de marzo de 1887. Murió en 1968 en el convento de San Giovanni Rotondo, en Gargano, donde pasó la mayor parte de su vida. Fue beatificado el 2 de mayo de 1999 y canonizado el 16 de junio de 2002. Su fiesta litúrgica se celebra el 23 de septiembre, día su muerte.

El 6 de enero de 1903 profesó como fraile capuchino y el 10 de agosto de 1910 fue ordenado sacerdote. Desde entonces ejerció el ministerio con dedicación exclusiva en el hospital fundado por él y que llamó "Casa de Alivio del Sufrimiento".

En la mañana del viernes 20 de septiembre de 1918 recibió el don de los estigmas, que permanecieron abiertos en su cuerpo durante cincuenta años. Este fue su particular calvario por el que sufrió controles médicos, acusaciones de impostor y prohibición oficial de celebrar la Eucaristía en público, y hasta de mantener correspondencia con los fieles. Durante diez años, aislado totalmente de todos, dedicó todo su tiempo a la oración. Finalmente, el 16 de julio de 1933 se le permitió de nuevo ejercer el ministerio, y lo hizo con particular celo desde el confesionario y con los *Grupos de oración*, que eran más de 1.400 en 1976 repartidos por todo el mundo.

Agraciado con otros dones divinos, como el de profecía, curación, bilocación y discernimiento de conciencias, ya en vida gozaba de fama de santidad. Cuatro días permaneció expuesto su cadáver para que pudieran rendirle el último tributo todos los que lo deseaban.

En la espiritualidad del padre Pío, la cruz fue el punto central y, como el Maestro, en ella encontró su fuerza, su sabiduría y su gloria. Se inmoló por su Amado y bien pudo exclamar como el Apóstol: "*Estoy crucificado con Cristo, y ya no vivo yo, es Cristo quien vive en mí*" (Gal 2) . Se santificó viviendo a fondo en carne propia el misterio de la cruz de Cristo y cumpliendo en plenitud su vocación de colaborador en la Redención.

En la economía divina de la salvación, la

cruz ha sido el único medio elegido por Dios para reconciliar a la humanidad con el Padre. Este es el plan de Dios. La cruz no es un simple episodio de la vida de Cristo, sino una parte integrante del misterio de la Encarnación.

La cruz, propuesta e impuesta por Jesús a sus seguidores, no es sólo una condición para su seguimiento, sino la expresión más real y auténtica de la pertenencia a su reino. Sólo se es cristiano de verdad en la medida en que se acepta la cruz como opción fundamental de vida: «*Si alguno quiere venir en pos de mí, niéguese a sí mismo, tome su cruz y sígame. Porque quien quiera salvar su vida, la perderá, pero quien pierda su vida por mí, la encontrará*» (Mt 16,24).

En este librito se recoge un pensamiento del padre Pío para cada día del año. Meditándolos, podemos constatar la grandeza de un alma que, tocada por el dedo de Dios, aprendió en la escuela del dolor el misterio del amor encerrado en la cruz.

ENERO

1 ENERO
SANTA MARÍA MADRE DE DIOS.
Santos Manuel y Fulgencio

Cuanto más crecen en el alma las gracias y los favores de Jesús, más humildes debemos ser, recordando la humildad de nuestra Madre celestial, la cual en el mismo instante en que llega a ser Madre de Dios, se reconoce sierva y esclava del mismo Dios.

2 ENERO
Santos Basilio y Gregorio, Adalardo

A medida que pasan los años y la eternidad se acerca, hay que redoblar la valentía y elevar nuestro espíritu a Dios, sirviéndolo con mayor diligencia en todo lo que nuestra vocación y profesión cristiana nos obliga.

3 ENERO
Santísimo Nombre de Jesús.
Santos Antero y Genoveva

Amemos a Jesús por su grandeza divina, por su poder en el cielo y en la tierra, por sus méritos infinitos, pero también y sobre todo por razones de gratitud.

4 ENERO
Santas Genoveva Torres, Isabel Ana Seton, Zedíslava

Este año, cuyo final sólo Dios sabe si lo veremos, debe estar consagrado a reparar por el pasado, a proponer para el futuro; y a procurar que vayan a la par los buenos propósitos y las obras santas.

5 ENERO
Santos Deogracias, Juan N. Neumann, Emiliana

La fe también nos guía, y nosotros tras su luz seguimos seguros el camino que nos conduce a Dios, a su patria, como los santos Magos guiados por la estrella, símbolo de fe, llegan al lugar deseado. Para alcanzar nuestro fin último es necesario seguir al

Jefe divino, que no suele conducir al alma elegida por otro camino que no sea el mismo que él recorrió: el camino de la abnegación de la cruz.

6 ENERO
EPIFANÍA DEL SEÑOR.
Santos Andrés Corsini, Pedro Tomás

Dame y consérvame esa fe viva que me haga ver y obrar sólo por tu amor. Y éste es el primer don que te presento, y unido a los santos Magos, postrado a tus pies, te confieso sin ningún respeto humano ante el mundo entero como verdadero y único Dios.

7 ENERO
Santos Raimundo de Peñafort, Luciano, Ciro

El amor no admite dilación. Los Magos, nada más alcanzar su meta, no ahorran esfuerzos por dar a conocer y amar a Aquel que con el influjo de su gracia ha conquistado sus corazones, y los ha herido con aquel amor que busca expandirse, porque no cabe en las reducidas dimensiones del corazón y quiere comunicar lo que lo llena.

8 ENERO
Santos Apolinar, Severino, Lorenzo Justiniano

La palma de la gloria no está reservada sino al que lucha como valiente hasta el final. Empiece, pues, este año nuestro santo combate. Dios nos ayudará y coronará con el eterno triunfo.

9 ENERO
Santos Eulogio de Córdoba, Adrián

"*Comencemos hoy, hermanos, a hacer el bien, que hasta ahora no hemos hecho nada*". Estas palabras que el seráfico Padre San Francisco, en su humildad, se aplicaba a sí mismo, hagámoslas nuestras al comienzo de este nuevo año. En verdad, nada hemos hecho hasta ahora; o, al menos, bien poco; los años se han ido sucediendo, comenzando y terminando, sin que nos preguntáramos cómo los hemos empleado; si no había nada que reparar, nada que añadir, nada que quitar en nuestra conducta. Hemos vivido a lo tonto, como si un día el Juez eterno no nos hubiese de llamar y pedirnos cuenta de nuestra conducta, de cómo hemos empleado nuestro tiempo.

10 ENERO
Santos Gregorio de Nisa, Miltiades, Guillermo

Siento cada vez más la imperiosa necesidad de entregarme con más confianza a la misericordia divina y de poner sólo en Dios toda mi esperanza.

11 ENERO
Santos Higinio, Honorata, Tomás de Cori

Amad con la bella virtud de la confianza en el Señor y atended con amor a los hermanos.

12 ENERO
Santos Martino de León, Arcadio, Cesarea

Tened calma y reavivad la fe y confianza en Dios. Sed humildes y sumisos a la voluntad divina y no haréis daño a vuestro espíritu.

13 ENERO
Santos Hilario, Remigio, Gumersindo

Confía en Dios y sé agradecido siempre y por todo, y, obrando así, desafiarás y vencerás todas las iras del infierno.

14 ENERO
Santos Juan de Ribera, Félix de Nola, Eufrasio

Confía siempre y Jesús sabrá consolar tu espíritu, también cuando es zozobrado en el mar por las grandes tempestades.

15 ENERO
Santos Francisco Fernández de Capillas, Arnoldo Janssen, Tarsicia

No te desanimes si no logras hacer todo lo que deseas; esfuérzate por practicar lo que debes practicar y no desfallezcas en nada al respecto, no te preocupes si en esto experimentas consuelo o tedio y fastidio. Tu fin en esto sea siempre recto.

16 ENERO
Santos Fulgencio, Honorato, Berardo

Confiad en Dios y esperad en su bondad paternal. Alzad la mente llena de fe a la patria celestial y a ella dirigid todas vuestras palpitaciones y aspiraciones.

17 ENERO
Santos Antonio Abad, Rosalía, Sulpicio

La preocupación continua del alma que quiere alcanzar la unión con Dios debe ser el de purificarse de todo apetito tanto sensible como espiritual, tanto interno como externo.

18 ENERO
Santos Margarita de Hungría, Prisca, Deícola

Dulce es el yugo de Jesús, liviano su peso, por lo tanto, no demos lugar al enemigo para insinuarse en nuestro corazón y robarnos la paz.

19 ENERO
Santos Arsenio, Germánico, Liberata y Faustina

No avanzaremos ni un paso en la virtud, si no nos empeñamos en vivir en una paz santa e inalterable.

20 ENERO
Santos Fabián y Sebastián, Fructuoso, Augurio y Eulogio

La paz es simplicidad del espíritu, serenidad de la mente, tranquilidad del alma, vínculo de amor.

21 ENERO
Santos Inés, Epifanio, Juan Yi

La palma de la gloria está reservada sólo para el que combate heroicamente hasta el final.

22 ENERO
Santos Vicente Mártir, Vicente Pallotti. Beata Laura Vicuña

Mantente siempre fuerte en la fe y permanece siempre vigilante. Sólo así se podrán ahuyentar todas las malas artes del enemigo.

23 ENERO
Santos Ildefonso, Francisco Gil de Fréderic, Emerenciana

Cuando asistas a la santa misa renueva tu fe y medita qué víctima se inmola por ti a la divina justicia para aplacarla y hacerla propicia.

24 ENERO
Santos Francisco de Sales, Bábila, Feliciano

Comprendo que las tentaciones parecen más bien manchar que purificar el espíritu, pero escuchemos cuál es el mensaje de los santos, y al respecto te baste saber lo que dice entre muchos San Francisco de Sales, que las tentaciones son como el jabón, que echado sobre la ropa parece embarrarla, pero en verdad la purifica.

25 ENERO
Conversión de San Pablo. San Ananías. Beato Enrique Suso

Dios mostró más su poder con nuestra conversión que en crear de la nada el cielo y la tierra, porque hay más oposición entre el pecador y la gracia que entre la nada y el ser.

26 ENERO
Santos Timoteo y Tito, Paula, Alberico

El más hermoso credo es el que prorrumpe de tus labios en la oscuridad, en el sacrificio, en el dolor, en el esfuerzo supremo de una infalible voluntad de bien; es el que, como un fulgor, rompe las tinieblas de tu alma; es el que, en el fragor de la tempestad, te levante y te conduce a Dios.

27 ENERO
Santos Ángela de Mérici, Enrique de Ossó, Julián, Mario

Cuanto más estés afligido, más debes exultar, porque el alma, en el fuego de las tribulaciones, se volverá oro fino, digno de ser expuesto en la gloria del cielo.

28 ENERO
Santos Tomás de Aquino, Julián de Cuenca, Águeda Lin Zhao

La ciencia, por más grande que sea, es siempre una pobre cosa, es menos que nada en comparación con el formidable misterio de la divinidad.

29 ENERO
Santos Valero, Afraates. Beato Manuel Domingo y Sol.

Los santos siempre se burlaron del mundo y de los mundanos y pusieron bajos sus pies el mundo y sus máximas.

30 ENERO
Santos Lesmes, Martina, Jacinta Mariscotti, David Galván

La paz es un reflejo de Dios, y no se la posee si el alma no está en armonía con Dios.

31 ENERO
Santos Juan Bosco, Ciro y Juan, Marcela, Waldo

Trata de conformarte siempre y en todo a la voluntad de Dios en cualquier acontecimiento, y no temas. Esta conformidad es el camino seguro para llegar al cielo.

FEBRERO

1 FEBRERO
Santos Ramón de Fitero, Brígida, Severo
Recuerda que una madre al principio enseña a su hijo a caminar sosteniéndolo, pero después éste debe caminar por sí mismo; tú puedes, debes, pensar con tu cabeza.

2 FEBRERO
PRESENTACIÓN DEL SEÑOR. PURIFICACIÓN DE MARÍA.
¡Oh Jesús, ¿quién puede resistirte? Permite a este tu siervo que te pida todo lo que le hace falta para poderte agradar, para servirte. Dame y consérvame esa fe viva, de manera que pueda creer y actuar sólo por tu amor.

3 FEBRERO
Santos Blas, Óscar, Simeón y Ana
Durante el día, cuando no puedas hacer

otra cosa, llama a Jesús, incluso en medio de todas las ocupaciones, con gemido resignado del alma y Él vendrá y permanecerá siempre unido a tu alma mediante su gracia y su santo amor.

4 FEBRERO
Santos Catalina de Ricci, Juan de Britto, Rabano Mauro

Alegraos de veros cada vez más semejantes a la primera víctima: Jesucristo. Alegraos, porque la corona que os está reservada es bellísima.

5 FEBRERO
Santos Águeda, Pedro Bautista, Jesús Méndez

Jesús es la guía segura para todos. Él mismo lo dijo: "Yo soy el camino, la verdad y la vida". ¡Sigámoslo!

6 FEBRERO
Santos Pablo Miki, Dorotea, Mateo Correa

Pensemos en el amor que Jesús nos tiene y en su celo por nuestro bienestar, y estemos tranquilos, no dudemos de que nos asiste siempre con su cuidado, más que paternal, contra todos nuestros enemigos.

7 FEBRERO
Santos Ricardo, Juliana.
Beato Anselmo
Polanco

Jesús, tú vienes siempre a mí. ¿Con qué alimento te debo nutrir?... ¡Con el amor! Pero mi amor es falaz, Jesús, te amo muchísimo. Suple mi amor.

8 FEBRERO
Santos Jerónimo Emiliani,
Josefina Bakhita, Honorato

Jesús mío, salva a todos; yo me ofrezco como víctima por todos; refuérzame, toma este corazón, llénalo de tu amor y luego mándame lo que quieras.

9 FEBRERO
Santos Apolonia, Miguel Febres, Sabino.
Beato Leopoldo de Alpandeire

Haz que no turbe tu alma el triste espectáculo de la injusticia humana; aunque ésta,

en la economía de las cosas, tiene su valor.
¡Sobre ella verás surgir un día el infalible triunfo de la justicia de Dios!

10 FEBRERO
Santos Escolástica, Silvano, Guillermo

Jamás me he arrepentido de la dulzura usada, pero he sentido un remordimiento de
conciencia y he tenido que confesarme, cuando he usado un poco de dureza. Pero, cuando digo mansedumbre, no digo la que permite todo. ¡Esa no! Me refiero a la que hace dulce la disciplina, y esa no hay que descuidarla.

11 FEBRERO
Nuestra Señora de Lourdes.
Santos Pedro Maldonado, Sotera

Que el pensamiento de María sea la estrella que guía tus pasos a través del desierto de la vida presente y te muestre un día a Jesús.

12 FEBRERO
Santos Eulalia de Barcelona, Mártires de Abitinia

Es terrible la justicia de Dios. Pero no olvidemos que también su misericordia es infinita.

13 FEBRERO
Santos Benigno, Cástor, Esteban

Para el alma llena de amor divino, el socorrer las necesidades del prójimo es una fiebre que la consume lentamente.

14 FEBRERO
Santos Cirilo y Metodio, Valentín, Juan Bautista de la Concepción

Las cosas humanas necesitan ser conocidas para ser amadas; las divinas necesitan ser amadas para ser conocidas. No lo olvidéis: el eje de la perfección es el amor. Quien está centrado en el amor, vive en Dios, porque Dios es Amor.

15 FEBRERO
Santos Claudio de la Colombière, Enésimo, Faustino

El amor que nace de la estima y de la búsqueda continua es más puro que el amor hecho de sensaciones y entusiasmo.

16 FEBRERO
Santos Elías, Juliana, Maruta

Durante la jornada, y entre tus ocupaciones, lo más a menudo que puedas, comprueba si tu amor se dispersa hacia adelante, si no está un poco desordenado, y si te mantienes siempre de la mano de nuestro Señor.

17 FEBRERO
Santos Siete Fundadores Servitas, Silvino, Teodoro

El espíritu humano, sin la llama del amor divino, puede descender hasta el nivel de los animales; por el contrario, la caridad, el amor por Dios lo eleva tan alto, que puede alcanzar hasta el trono de Dios.

18 FEBRERO
Santos Sadot, Francisco Regis. Beato Fray Angélico

Dos cosas podemos pedir continuamente al dulcísimo Señor: que aumente en nosotros

el amor y el temor. Porque eso nos hará volar por los caminos del Señor, nos hará ver en dónde metemos el pie; nos hace ver las cosas de este mundo como son, nos hace considerar cualquier descuido.
Cuando el amor y el temor se besen, ya no podemos conceder afecto a las cosas de la tierra.

19 FEBRERO
Santos Lucía Yi, Conrado.
Beato Álvaro de Córdoba

La ansiedad es uno de los mayores traidores que la verdadera virtud y la sólida devoción puedan encontrar; finge calentarse en el bien obrar, pero no lo hace; y nos hace correr, pero para hacernos tropezar; y por esto hay que cuidarse en toda ocasión, sobre todo en la oración.

20 FEBRERO
Santos León, Eleuterio.
Beatos Francisco y Jacinta de Fátima

Si vuestro espíritu no se concentra, vuestro corazón esta vacío de amor. Cuando se busca sea lo que sea con avidez y prisa, puede uno tocar cientos de veces el objeto sin ni siquiera darse cuenta. La ansiedad vana e inútil os fatigará espiritualmente, y vuestro espíritu no podrá dominar su sujeto. Hay que liberarse de toda ansiedad, porque ella es la peor enemiga de la devoción sincera y auténtica. Y esto principalmente cuando se ora. Recordad que la gracia y el gusto de la oración no proviene de la Tierra sino del Cielo y que es en vano utilizar una fuerza que solo podría perjudicaros.

21 FEBRERO
Santos Pedro Damián, Germán, Roberto

La armonía de la vida está en la exacta observancia de la divina ley y de los deberes inherentes al estado de cada uno, especialmente de la mutua caridad y en no maravillarse de las debilidades ajenas.

22 FEBRERO
Cátedra de San Pedro.
Santos Margarita de Cortona, Papías

Jesús quiere hacernos santos. Para ello nos

impone pruebas, y parece que no tiene otro interés que el santificar nuestras almas.

23 FEBRERO
Santos Policarpo, Milburga. Beata Rafaela Ybarra

Digámonos con el pleno convencimiento de que nos decimos la verdad: alma mía, comienza hoy a hacer el bien, que hasta ahora no has hecho nada. Movámonos siempre en la presencia de Dios. Dios me ve, digámonos con frecuencia; y, al verme, también me juzga. Actuemos de modo que no vea en nosotros más que el bien.

24 FEBRERO
Santos Etelberto, Modesto, Pedro Palatino

No te preocupes por el mañana, piensa en hacer el bien solamente en el día de hoy. Cuando llegue el día de mañana, lo llamaremos "hoy", entonces te preocuparás por él.

25 FEBRERO
Santos Luis Versiglia, Cesáreo, Calixto, Toribio Romo. B. Ciriaco M. Sancha

No nos desanimemos nunca ante los designios de la divina providencia, que, uniendo los gozos a los sufrimientos y haciéndonos pasar en la vida, a cada uno y a las naciones, de las alegrías a las lágrimas, nos conduce a la consecución de nuestro fin último.

26 FEBRERO
Santos Paula Montal, Alejandro, Víctor. Beata Piedad de la Cruz

En todos los sucesos de la vida reconozcamos la divina voluntad, adorémosla y bendigámosla; especialmente en las cosas más duras de la vida.

27 FEBRERO
Santos Gabriel de la Dolorosa, Ana Line, Baldomero

Para llegar a conseguir nuestro fin, es preciso seguir a nuestro divino jefe, que no quiso conducir al alma escogida sino por el camino que Él siguió, es decir, por el camino de la abnegación y de la cruz.

28 FEBRERO
Santos Mártires de Alejandría, Román, Mariana y Cira

Ten la certeza de que, mientras duren las pruebas, el Señor te ama con predilección y habita en el centro de tu espíritu.

29 FEBRERO
Santos Hilario, Osvaldo, Augusto Chapdelaine

Tened gran confianza en su misericordia y bondad, que Él jamás os abandonará. Pero no por eso dejéis de abrazar firmemente su santa cruz.

MARZO

1 MARZO
Santos Félix II, Rosendo, Albino, David

Sigamos al Divino Maestro a lo largo de la cuesta del Calvario cargando con nuestra cruz, y cuando Él crea conveniente clavarnos en la cruz, démosle gracias, y considerémonos afortunados por tanto honor que nos ha sido concedidos, sabiendo que estar crucificado con Jesús es un acto mucho más perfecto que el simple contemplar la cruz.

2 MARZO
Santos Ángela de la Cruz, Troadio, Ceada

Jesús ha escogido para su bandera la cruz, y por ello quiere que todos sus seguidores vayan por el camino del Calvario, llevando la cruz para después morir extendido sobre ella. Sólo por este camino se llega a la salvación.

3 MARZO
Santos Emeterio y Celedonio, Catalina Drexel, Cunegunda

Lo importante es caminar con sencillez ante el Señor. No pidas cuenta a Dios, ni le digas jamás: *¿Por qué?* Aunque te haga pasar por el desierto. Una sola cosa es necesaria: estar cerca de Jesús. Si nos cita en la noche no rehusemos las tinieblas.

4 MARZO
Santos Casimiro, Apiano, Basino

Todos los conceptos humanos, vengan de donde vengan, tienen algo bueno y algo malo. Hay que saber asimilar y tomar lo bueno y ofrecerlo a Dios, y eliminar lo malo.

5 MARZO
Santos Teófilo, Lucio, Adrián, Juan José de la Cruz

En las horas de lucha acordémonos de Jesús, que está con nosotros y sufre con nosotros y por nosotros; recurramos a Él y seremos siempre confortados, así alcanzaremos y cantaremos siempre victoria delante de Dios.

6 MARZO
Santos Olegario, Julián de Toledo, Coleta Boylet, Inés de Praga

No te preocupes por la fealdad o la belleza física. Sólo te baste la belleza del alma. No tengamos en cuenta las cosas que se ven, sino las que no se ven.

7 MARZO
Santos Perpetua y Felicidad, Teresa, Simeón Berneux

Haz el bien en todas partes para que cualquiera pueda decir: "Este es hijo de Cristo". Soporta tribulaciones, enfermedades, dolores por amor a Dios y por la conversión de los pobres pecadores. Defiende al débil, consuela al que llora.

8 MARZO
Santos Juan de Dios, Veremundo, Félix. Beato Faustino Míguez

Quien tiene buen corazón es siempre fuerte; y si sufre, esconde sus lágrimas. Él se consuela sacrificándose a su prójimo en su amor a Dios.

9 MARZO
Santos Francisca Romana, Paciano, Bruno

Crece siempre y jamás te canses de avanzar hacia la reina de las virtudes: la caridad. Y sabrás que nunca se crece demasiado en esta bellísima virtud.

10 MARZO
Santos Cayo y Alejandro, Juan Ogilvie, Macario, Víctor

Abre tu corazón al celeste médico de las almas y abandónate con confianza en sus brazos. Él te trata como a un elegido y te invita a seguirlo de cerca por la cuesta del Calvario.

11 MARZO
Santos Vicente de León, Sofronio, Domingo Câm

Para transformar a los hombres, no basta amarlos. Es necesario amar primero a Dios y al sacrificio.

12 MARZO
Santos Luis Orione, Inocencio I, Maximiliano

Mantente siempre abrazado a la cruz, porque ella no abruma. Si su peso te hace vacilar, su potencia te eleva.

13 MARZO
Santos Rodrigo y Salomón, Macedonio y Patricia e hija Modesta

Que la cruz no te asuste. La más grande prueba de amor consiste en padecer por el ser amado. Y si Dios, por tanto amor, sufrió tanto dolor, el dolor que se sufre por él se vuelve amable.

14 MARZO
Santos Matilde, Alejandro, Lázaro, Paulina

A veces el Señor te hace sentir el peso de la cruz. Este peso te parece intolerable, pero tú lo soportas porque el Señor en su amor y en su misericordia te extiende la mano y te da la fuerza.

15 MARZO
Santos Luisa de Marillac, Clemente María, Leocricia

No desees bajar de esta cruz. Esta vida es breve; las recompensas que nos esperan en el ejercicio de la cruz son eternas.

16 MARZO
Santos Eusebia, Heriberto, Julián
Sí, yo amo la cruz, sólo la cruz, la amo porque siempre la veo a las espaldas de Jesús.

17 MARZO
Santos Patricio, Gertrudis de Brabante, Juan Sarkander
No os canséis de trabajar con constancia, confianza y resignación en vuestra conversión.

18 MARZO
Santos Cirilo de Jerusalén, Salvador de Horta, Eduardo
Con gusto, y si me fuera posible, armaría un manojo con todas mis malas inclinaciones, y lo entregaría a Jesús, para que Él se dignara quemarlo con el fuego de su amor divino.

19 MARZO
SAN JOSÉ, esposo de la Virgen María
Caminad siempre con sencillez por el camino del Señor y no atormentéis su espíritu. Es necesario que odiéis vuestros defectos, pero con odio tranquilo y no fastidioso e inquieto.

20 MARZO
Santos Martín de Braga, Juan Nepomuceno

Debemos entristecernos ciertamente por nuestras faltas, pero con un dolor pacífico, confiado siempre en la divina misericordia.

21 MARZO
Santos Nicolás de Flúe, Agustín Zhao

No te maravilles de ningún modo de tus debilidades sino, reconociéndote por lo que eres, te sonrojarás por tu infidelidad a Dios y confiarás en Él, abandonándote tranquilamente en los brazos del Padre celestial, como un niño en los brazos de la propia madre.

22 MARZO
Santos Epafrodito, Bienvenido, Lea, Calínicas y Basilisa

Nuestras imperfecciones nos acompañarán hasta el sepulcro: nosotros no podemos caminar sin pisar tierra; sin embargo, es verdad también que no debemos achantarnos, ni empantanarnos, como tampoco pensar en volar, porque, en los caminos del espíritu, no somos más que pequeños polluelos incapaces todavía de levantar el vuelo.

23 MARZO
Santos Toribio de Mogrovejo, José Oriol, Rebeca

Alejad de vosotros la soberbia, el orgullo, la rivalidad y la disensión con el prójimo.

24 MARZO
Santos Catalina de Suecia, Severo. Beato Diego José de Cádiz

Nuestras imperfecciones nos acompañarán hasta el sepulcro, ya no podemos caminar sin tocar la tierra.

25 MARZO
ANUNCIACIÓN DEL SEÑOR.
Santos Dimas, Matrona

Por aquel sí, pronunciado por María Santísima, el mundo obtuvo la salvación, y la humanidad fue redimida. También nosotros cumplamos siempre la voluntad de Dios y digámosle también al Señor siempre sí.

26 MARZO
Santos Braulio, Cástulo, Manuel, Sabino

En las caídas no pierdas el coraje, reanímate para una nueva confianza y una más profunda humildad.

27 MARZO
San Ruperto. Beato Francisco Faà de Bruno
No debes desalentarte y hundirte en la tristeza si no logras realizar a la perfección las acciones que te propusiste durante el día. ¡Qué le vamos a hacer! Somos frágiles, somos de barro, y no siempre una tierra produce aquellos frutos que tanto quiere el labrador.

28 MARZO
Santos Esteban Harding, Gúntram
Descorazonarse e impacientarse después de la caída es un artilugio del enemigo, es abandonar las armas, es darse por vencido. No des marcha atrás y mucho menos te detengas en la subida del Calvario de la vida.

29 MARZO
Santos Eustasio, Guillermo Tempier, Ludolfo
Apenas observemos que caemos en el desaliento, reavivemos nuestra fe y abandoné-

monos en brazos del divino Padre, que está siempre listo para recibirnos.

30 MARZO
Santos Juan Clímaco, Julio Álvarez, Leonardo Murialdo

No te detengas ni te preocupes por los múltiples agobios, porque el Señor te es fiel y no permitirá que prevalezca la tentación. El reino de los cielos padece violencia, dice el Maestro.

31 MARZO
Santos Benjamín, Balbina, Guido

Bendice todo lo que te hace sufrir aquí en la tierra, y alégrate por ello, porque a cada victoria que se logra le corresponde una nueva corona en el paraíso.

ABRIL

1 ABRIL
Santos María Egipcíaca, Nuño Álvares, Hugo

En la medida que pasan los años hay que redoblar el esfuerzo y elevar nuestro espíritu a Dios.

2 ABRIL
Santos Francisco de Paula, Domingo Tuóc, Abundio, Teodora

No hay que desanimarse, porque si en el alma existe el continuo esfuerzo por mejorar, al final el Señor la premia haciendo florecer en ella todas las virtudes como en un jardín florecido.

3 ABRIL
Santos Sixto I, Ricardo Wych, Luis Scrosoppi

sfuerzo continuo del alma que quiere alcanzar la unión con Dios debe ser el de purificarse de todo apetito tanto sensible como espiritual, tanto interno como externo. Tampoco debe dejar de purificarse en las tres potencias, que son la memoria, el entendimiento y la voluntad.

4 ABRIL
Santos Platón, Pedro, Benito Massarari

Jesús y tu alma deben cultivar la viña de acuerdo. A ti la tarea de quitar y transportar piedras, arrancar espinas. A Jesús la tarea de sembrar, plantar, cultivar, regar. Pero también en tu trabajo está la obra de Jesús. Sin Él nada puedes hacer.

5 ABRIL
Santos Vicente Ferrer, Irene, Catalina Thomás

El camino para llegar a la salvación es el de la misericordia de Dios.

6 ABRIL
Santos Guillermo, Gala, Ireneo, Eutiquio

Debéis de ser modestos en el hablar, en el reír, en el porte, en el modo de andar. Y todo se debe hacer no por vanidad de figurar ni por hipocresía de aparentar delante de los demás.

7 ABRIL
Santos Juan Bautista de La Salle, Teodoro, Germán

El alma destinada a reinar con Cristo Jesús en la gloria eterna debe ser moldeada por el divino artista con cincel y martillo; sólo así puede ser usada en la construcción del eterno edificio.

8 ABRIL
Santos Dionisio de Corinto, Julia Billart, Ágabo

No debes lamentarte nunca de las ofensas, vengan de donde vengan, recuerda que Jesús fue saturado de oprobios por la malicia de los hombres a quienes Él mismo había hecho el bien. Perdonarás a todos con la caridad cristiana, teniendo ante los ojos el ejemplo del divino Maestro que perdonó hasta sus mismos crucificadores delante del Padre.

9 ABRIL
Santos Casilda, Hugo, Liborio, Máximo

No te detengas en la búsqueda de la verdad y en la conquista del sumo Bien.
Sé dócil a los impulsos de la gracia, secundando sus inspiraciones y sus llamadas. No te avergüences de Cristo y de su doctrina.

10 ABRIL
Santos Miguel de los Santos, Terencio, Magdalena, Beda

Te suplico, por la mansedumbre de Jesús y por las entrañas de misericordia del Padre celestial, que no te enfríes en el camino del bien. Corre siempre y no te detengas, sabiendo que en este camino detenerse equivale a echar pie atrás.

11 ABRIL
Santos Estanislao, Isaac. B. Elena Guerra

No os acobardéis, orad con humildad y acordaos que después de la lluvia, después de las tinieblas, viene la luz; después de la tempestad, la calma. La ayuda piadosa del amor paternal de nuestro Dios y los grandes dones de su divina majestad rodearán ciertamente de gloria la confianza de los que perseveren.

12 ABRIL
Santos Julio I, David Uribe, Víctor, Visia y Sofía

Procurad avanzar cada vez más en el camino de la perfección.

13 ABRIL
Santos Martín I, Hermenegildo, Sabás Reyes

Para conquistar la perfección es necesario tolerar las propias imperfecciones. Digo tolerarlas con paciencia, y no amarlas o acariciarlas.

14 ABRIL
Santos Telmo (B. Pedro González), Lamberto, Ludivina

Si el alma quiere unirse a Dios en esta vida, a través de la gracia y el amor, debe necesariamente privarse de todo aquello que entre por los ojos, que perciben los oídos, que se puede fabricar con la imaginación y comprender con el corazón.

15 ABRIL
Santos Damián de Molokai, Abundio, Teodoro y Pausilipo

En todo pobre está Jesús agonizante; en todo enfermo está Jesús sufriente; en todo enfermo pobre está Jesús dos veces presente.

16 ABRIL
Santos Bernardita de Lourdes, Engracia, Toribio de Astorga, Benito José Labre

No dejes para mañana lo que puedes hacer hoy. No dejemos para mañana lo que podemos hacer hoy. Del bien de después están llenos los sepulcros...; y además, ¿quién nos dice que viviremos mañana?

17 ABRIL
Santos Elías, Pablo e Isidoro de Córdoba, Pedro y Hermógenes, Roberto

Dispongámonos siempre a reconocer en todos los acontecimientos de la vida, el orden sapientísimo de la divina providencia, adorémosla y hagamos que nuestra voluntad, siempre y en todo, sea conforme a la de Dios. Así glorificaremos al Padre y todo nos será ventajoso para la vida eterna.

18 ABRIL
Santos Eusebio, Anastasia. Beato Andrés Hibernón

Sólo debes hacer lo que hacemos, es decir, amar la divina providencia y abandonarnos en sus brazos y en su seno.

19 ABRIL
Santos León IX, Jorge de Antioquía, Marta

Esfuérzate por conformarte siempre y en todo a la divina voluntad, sea en las cosas favorables como adversas, y no te preocupes por el mañana.

20 ABRIL
Santos Inés de Montepulciano, Aniceto, Secundino

Siempre debes tener prudencia y amor. La prudencia tiene los ojos; el amor, las piernas. El amor que tiene las piernas quisiera correr hacia Dios, pero su impulso de lanzarse hacia Él es ciego, y a veces podría tropezar si no es guiado por la prudencia que tiene los ojos. La prudencia, cuando ve que el amor podría ser desenfrenado, le presta los ojos.

21 ABRIL
Santos Anselmo, Anastasio, Román Adame

La sencillez es una virtud, pero hasta cierto punto. A ésta no le debe faltar nunca la prudencia; en cambio, la astucia y la maña son diabólicas y hacen mucho mal.

22 ABRIL
Santos Sotero y Cayo, Oportuna, Leónidas

Trata de atesorar lo más que puedas de las santas lecturas, y pronto sentirás una renovación del espíritu.

23 ABRIL
Santos Jorge, Adalberto, Gerardo

Ayúdate con la lectura de los libros santos; porque en la oración y meditación somos nosotros quienes le hablamos al Señor; mientras que en la santa lectura es Dios quien nos habla a nosotros.

24 ABRIL
Santos Fidel, María Cleofé y Salomé, María Eufrasia, Benito Menni

A Dios se le busca en los libros y se le encuentra en la meditación.

25 ABRIL
Santos Marcos Evangelista, Pedro de Betancurt, Aniano

No basta con resucitar a imitación de Cristo, si, a su imitación, no comparecemos como resucitados, transformados, renovados en el espíritu delante de nuestros hermanos.

26 ABRIL
Santos Isidoro de Sevilla, Rafael Arnáiz Barón, Cleto

La gracia más delicada que podéis pedir para aquellos que aspiran a tener una vida espiritual profunda, es la que les aumenta la luz de Dios. Esta es una luz que no se puede adquirir ni por mucho estudiar ni a través de la instrucción humana, porque la infunde directamente Dios.

27 ABRIL
Santos Zita, Simeón. Nuestra Señora de Montserrat

Que el Señor te conceda la sabiduría para hacer de tu vida una fuente inagotable de amor a los pecadores, de orientación para los que dudan y de fortaleza para los que creen.

28 ABRIL
Santos Luis Mª G. de Montfort, Pedro Chanel. Beata Juana Beretta

Que Dios te ampare de hacer causa común con los necios: que la sabiduría del cielo te conceda estar siempre en el grupo de aquellos que han sabido permanecer en la escuela del divino amor.

29 ABRIL
Santos Catalina de Siena, Síquico, Hugo

Oh Dios, hazte sentir cada vez más en mi pobre corazón y realiza en mí la obra que comenzaste. Escucho íntimamente una voz que me dice siempre: santifícate y santifica.

30 ABRIL
Santos Pío V, José B. Cottolengo, Amador

La beneficencia, venga de donde venga, es siempre hija de la misma madre, es decir de la providencia.

MAYO

1 MAYO
Santos José Obrero, Jeremías, Ricardo Pampuri

Trabajad, que será grande la recompensa que Jesús os reserva allá arriba.

2 MAYO
Santos Atanasio, Félix de Sevilla, Hesperio y Zoes e hijos

El divino amor ha alcanzado en el corazón de María su mayor intensidad. Entonces, el alma beata de María, al igual que una paloma que se suelta de sus amarras, se soltó de su santo cuerpo y voló al seno de su amado hijo.

3 MAYO
Santos Felipe y Santiago Apóstoles, Timoteo y Maura, Juvenal

Jesús y María están siempre con nosotros,

nos liberan de las malas artes del espíritu impío y nos consuelan en todas nuestras aflicciones.

4 MAYO
Santos José María Rubio, Florián, Silvano,

Escuchemos la voz de nuestra conciencia, la voz del profeta rey: "Si hoy escucháis la voz del Señor, no cerréis vuestros oídos". Levantémonos y atesoremos, porque sólo el instante que pasa está en nuestras manos. No queramos alargar el tiempo entre un instante y otro, que eso no está en nuestras manos.

5 MAYO
Santos Ángel de Sicilia, Máximo, Niceto

Recuerda lo que sucedía en el corazón de nuestra Madre Celestial al pie de la cruz. Ella por la exuberancia del dolor permaneció petrificada ante el hijo crucificado, pero no puedes decir que haya sido abandonada. Más aún, ¿cuándo lo amó mejor que cuando sufría y no podía ni siquiera llorar?

6 MAYO
Santos Domingo Savio, Lucio Cireneo, Benita

Una sola cosa puede entristecer el alma: la ofensa a Dios. Debemos deplorar nuestras faltas, pero con un dolor pacífico, confiados siempre en la divina misericordia.

7 MAYO
Santos Flavia Domitila, Agustín Roscelli

Que tu fin sea siempre recto. Gime como pobre delante de Dios y Él no permitirá que tus gemidos caigan en el vacío.

8 MAYO
Santos Víctor, Eladio, Arsenio

Tu estudio y tu vigilancia estén dirigidos a la rectitud de intención que debes tener en la obra y en el combatir siempre valiente y generosamente las artes malignas del espíritu malo.

9 MAYO
Santos Isaías, Hermes, Pacomio, Catalina de Bolonia

La santidad, exactamente, es amar a quien

nos maldice, mansos, diligentes, observantes del propio deber y con el único fin de agradar a Dios.

10 MAYO
Santos Juan de Ávila, Antonino de Florencia, Job

Difícil hacerse santos, difícil pero no imposible. El camino de la perfección es largo, como es larga la vida de cada uno. El consuelo es el descanso a lo largo del camino; pero, una vez recuperados, hay que levantarse con prontitud y continuar el caminando.

11 MAYO
Santos Francisco de Jerónimo, Mamerto. Beato Ceferino Namuncurá

Nos conviene hacer grandes esfuerzos para llegar a ser santos y brindar grandes servicios a Dios y al prójimo.

12 MAYO
Santos Nereo y Aquiles, Pancracio, Domingo de la Calzada

Hagámonos santos. Así después de haber

estado juntos en la tierra, estaremos siempre juntos en el paraíso.

13 MAYO
**Nuestra Señora de Fátima.
Santos Pedro Nolasco, Pedro Regalado**
Reflexionad y tener siempre ante el ojo de la mente la gran humildad de la Madre de Dios y Madre nuestra, que, a medida que crecían en ella los dones celestiales, cada vez más profundizaba en la humildad.

14 MAYO
**Santos Matías Apóstol,
María Dominica Mazzarello,
Justa y Eredina**
El tiempo dedicado a la gloria de Dios y a la salvación de las almas no debe considerarse perdido, ya que nunca se ha malgastado.

15 MAYO
**Santos Isidro Labrador,
Juana de Lestonnac,
Witesindo de Córdoba**
Hagamos el bien mientras disponemos del tiempo, y daremos gloria a nuestro Padre

del cielo, nos santificaremos nosotros mismos y daremos buen ejemplo a los demás.

16 MAYO
Santos Gema Galgani, Simón Stock, Alipio y Posidio

¡Ánimo! Soportemos también nosotros la hora de la prueba y esperemos el día en que podremos estar juntos en la patria de los bienaventurados delante de Jesús.

17 MAYO
Santos Pascual Bailón, Víctor, Heraclio y Pablo

Cada santa misa, bien escuchada y con devoción, produce en nuestra alma efectos maravillosos, abundantes gracias espirituales y materiales, que nosotros mismos no conocemos.

18 MAYO
Santos María Josefa del Sagrado Corazón, Rafaela María, Félix

El Señor se complace de nosotros cuando estamos atormentados. Él está siempre cerca de nosotros, más aún, dentro de nosotros, e invisiblemente nos anima a sostener la pugna.

19 MAYO
Santos Francisco Coll, Urbano I, Ivón, Celestino V

El Señor para halagarnos, nos concede muchas gracias y nosotros creemos tocar el cielo con un dedo. En cambio, no sabemos que para crecer necesitamos pan duro: las cruces, las humillaciones, las pruebas, las contradicciones.

20 MAYO
Santos Bernardino de Siena, Lidia, Áurea

Los que con gusto se alimentan con comidas ordinarias, simularán disgusto cuando le ofrezcáis manjares más refinados. Igualmente, para apreciar el estado de oración, hay que haber roto todo lazo.
¡Dios mío! En esta oscuridad veo una irradiación.

21 MAYO
Santos Cristóbal Magallanes, Eugenio de Mazenod, Mancio de Évora

No se llega a la salvación sin atravesar un mar borrascoso que siempre amenaza.

22 MAYO
Santos Joaquina de Vedruna, Rita de Casia, Quiteria

Jesús os guía hacia el cielo por campos o por desiertos - ¿que importancia tiene? Acomodaos a las pruebas que Él quiera enviaros, como si debieran ser vuestras compañeras para toda la vida; cuando menos lo esperéis, quizás queden resueltas.

23 MAYO
Santos Lucio, Eutiquio

Puede decirse con toda justicia que cada alma destinada a la Gloria Eterna es una de esas piedras indispensables. Cuando un constructor quiere levantar una casa, debe ante todo limpiar y nivelar el terreno; el Padre celestial procede de igual manera con el alma elegida que, desde toda la eternidad ha sido concebida para el fin que Él se propone; por eso tiene que emplear el martillo y el cincel. Esos golpes de cincel son las sombras, los miedos, las tentaciones, las penas, los temores espirituales y también las enfermedades corporales. Dad pues, gracias al Padre celestial por todo lo que impone a vuestra alma. Abandonaos a Él totalmente. Os trata como trató a Jesús en el Calvario.

24 MAYO
María Auxiliadora.
Santos Vicente de Lèrins, Simón Estilita, Juana

La Madre de Jesús y Madre nuestra está siempre con nosotros, y nos asiste en todo.

25 MAYO
Santos Beda, Gregorio VII,
Mª Magdalena de Pazzi, Magdalena Sofía, Vicenta María

Que la oscuridad de la noche, de la humillación y de la soledad no te asusten. Adelante siempre, adelante; que la amargura del torrente de la mortificación no te detenga.

26 MAYO
Santos Felipe Neri, Mariana de Jesús Paredes, Pedro Mártir Sans

Las pruebas a las que el Señor te somete y te someterá son todas señales del divino amor y joyas para el alma. Pasará el invierno y vendrá la interminable primavera tanto más rica de bellezas cuanto más duras hayan sido las tempestades.

27 MAYO
Santos Agustín Canterbury, Bruno, Bárbara Kim y Bárbara Yi

Cuando os encontréis en la abyección, imitad a las gaviotas que hacen nido en las antenas de los barcos. Esto significa levantarse de la tierra, elevarse con el pensamiento y el corazón a Dios, que es el único que puede consolarlos y darles la fuerza para resistir la prueba.

28 MAYO
Santos Justo de Urgel, Germán de París, Guillermo

Los corazones fuertes y generosos no se

afligen sino por grandes motivos y hasta esos motivos no los hacen penetrar demasiado en su vida interior.

29 MAYO
Santos Bona, Gerardo, Maximino

Hasta ahora nuestra vida ha sido infantil. Dios quiere tratarnos ahora como personas adultas, y las pruebas de la vida adulta son muy superiores.

30 MAYO
Santos Fernando Rey, Juana de Arco, Matías Mulumba. Beata Matilde Téllez

Jesús consuela nuestro espíritu abatido en el mar tempestuoso. No temáis, que no nos hundiremos: la navecilla tendrá siempre por piloto a Jesús y por faro a María.

31 MAYO
Visitación de la Virgen María.
Santos Noé Mawaggali, Petronila, Silvio

Que María, la Madre de Jesús y Madre nuestra, te permita comprender todo aquello que encierra el gran secreto del dolor, cristianamente soportado; y te obtenga también toda la fuerza que necesites para poder ascender hasta la cima del Calvario, bajo el peso de tu propia cruz.

JUNIO

1 JUNIO
Santos Justino, Fortunato, Iñigo, Próculo

Confieso que para mí es una gran desgracia no saber expresar y explicar este volcán eternamente encendido que me quema y que Jesús hizo nacer en este corazón tan pequeño.

2 JUNIO
Santos Marcelino y Pedro, Eugenio I, Erasmo, Guido

Recordemos que el Corazón de Jesús nos ha llamado no sólo para nuestra santificación, sino también para la de otras almas. Él quiere ser ayudado en la salvación de las almas.

3 JUNIO
Santos Carlos Luanga, Juan Grande, Clotilde, Olivia

Jesús mío, dulzura mía, ¿cómo puedo vivir sin ti? Ven siempre, Jesús mío, ven; toma posesión sólo Tú de mi corazón.

4 JUNIO
Santos Pedro Mártir de Verona, Francisco Caracciolo, Walter

Pon tu corazón en el costado abierto del Salvador y únelo a este rey de nuestros corazones, que en ellos está como en un trono real para recibir el homenaje y la obediencia de todos nuestros corazones, teniendo así la puerta abierta, para que cada uno pueda acercarse para tener siempre y a cualquier hora audiencia.

5 JUNIO
Santos Bonifacio, Doroteo, Franco, Sancho

¡Oh Jesús, que mi corazón descanse en tu Corazón traspasado, en las pruebas y en los dolores de la vida!

6 JUNIO
Santos Norberto, Marcelino Champagnat, Rafael Guízar, Artemio y Paulina

El Corazón de nuestro divino Maestro no conoce más que la ley del amor, la dulzura y la humildad. Poned vuestra confianza en la divina bondad de Dios, y estad seguros de que la Tierra y el Cielo fallarán antes que la protección de vuestro Salvador.

7 JUNIO
Santos Antonio Mª Gianelli, Roberto, Pedro. Beata Ana de S. Bartolomé

Caminad sencillamente por la senda del Señor, no os torturéis el espíritu. Debéis detestar vuestros pecados, pero con una serena seguridad, no con una punzante inquietud.

8 JUNIO
Santos Maximino, Guillermo, Medardo

Oremos al Padre de la luz que nos haga penetrar cada vez más en el misterio de la rectificación, ya que de pobres pecadores nos ha vuelto hijos de Dios.

9 JUNIO
Santos Efrén, Ricardo, Columba.
Beato José de Anchieta

El corazón de nuestro divino Maestro no tiene ley más amable que la de la dulzura, de la humildad y de la caridad.

10 JUNIO
Santos Landerico, Itamar, Bogumilo

No temas: después de haber sido traspasada con Jesús y puesta en el sepulcro de Jesús, verás la luz indefectible, y del Calvario pasarás al Tabor eterno.

11 JUNIO
Santos Bernabé, María Rosa Molas, Alicia

Cuando a Él le plazca ponernos en la cruz, agradezcámoselo y considerémonos afortunados por el gran honor que nos hace.

12 JUNIO
Santos Juan de Sahagún, León III, Onofre

Las otras pruebas a las que Dios os somete y os someterá, todas son signos del amor divino y perlas para el alma.

13 JUNIO
Santos Antonio de Padua, Eulogio, Aquileo

Sin el amor a la cruz no se puede lograr mucho progreso en los caminos de la perfección cristiana.

14 JUNIO
Santos Eliseo, Anastasio, Fortunato, Metodio

Cuanto más quiere Jesús elevar un alma a la perfección, tanto más le acrecienta la cruz de la tribulación.

15 JUNIO
Santos María Micaela, Amós, Germana, Benidle, Vito

Si Dios nos somete a una cruz muy pesada, y nos da la fuerza necesaria para soportarla con mérito, son signos inequívocos y únicos de su amor por nosotros.

16 JUNIO
Santos Quirico y Julita, Lutgarda, Aureliano

Jesús nunca está sin la cruz, pero la cruz no lo está nunca sin Jesús.

17 JUNIO
Santos Teresa de Portugal, Avito, Domingo Nguyen

Dios ama al hombre con infinito amor, y cuando castiga, lo hace con reverencia, casi temiendo hacernos daño.

18 JUNIO
Santos Marcos y Marcelino, Ciriaco y Paula, Gregorio Barbarigo

Dios nos ama, y que nos ama está demostrado por el hecho de que nos tolera en el momento de la ofensa.

19 JUNIO
Santos Romualdo, Gervasio y Protasio, Lamberto, Juliana

La divina bondad no sólo no rechaza a las almas arrepentidas, sino que va en busca de las almas obstinadas.

20 JUNIO
Santos Florentina de Cartagena, Metodio, Juan de Mateola

Todo lo podría resumir así: me siento devorado por el amor a Dios y el amor por el prójimo. Dios está siempre presente en mi mente, y lo llevo impreso en mi corazón. Nunca lo pierdo de vista: me toca admirar su belleza, sus sonrisas y sus emociones, su misericordia, su venganza o más bien el rigor de su justicia.

21 JUNIO
Santos Luis Gonzaga, Ramón de Roda, José Isabel Flores

Abrid el corazón al Dios celestial y abandonaos con plena confianza en sus santísimas manos.

22 JUNIO
Santos Paulino de Nola, Juan Fisher y Tomás Moro

Es tu sola bondad, oh Señor, la que te induce hacia nosotros. Es ese gran amor tuyo, que ama expandirse y conquistarnos para hacernos partícipes de aquella felicidad de la que tú estás lleno.

23 JUNIO
Santos José Cafasso, Edeltrudis, Tomás Garnet

El Dios de los cristianos es el Dios de la metamorfosis; vosotros echad en su seno el dolor y sacáis de allí la paz; alejad la desesperación y veréis flotar la esperanza.

24 JUNIO
Natividad de San Juan Bautista. Santos Simplicio, Rumoldo

Dios es nuestro Padre; y ¿qué puedes temer tú si eres hijo de tal Padre, sin cuya providencia no puede caer ni siquiera un solo cabello de tu cabeza?

25 JUNIO
Santos Máximo de Turín, Próspero de Aquitania, Orosia, Domingo Henares

¿Cómo es posible ver a Dios, entristecerse por el mal, y no entristecerse también uno?

26 JUNIO
Santos Pelayo, Josemaría Escrivá, José Mª Robles

Si Jesús se manifiesta a vosotros, dadle gracias; si se os oculta, dadle gracias. Todo esto es un juego de amor para traernos dulcemente hacia el Padre. Perseverad hasta la muerte, hasta la muerte con Cristo en la Cruz.

27 JUNIO
Santos Cirilo de Alejandría, Zoilo. Ntra. Sra. del Perpetuo Socorro

¡Piensa siempre que Dios lo ve todo! No lo olvidéis: el eje de la perfección es el amor.

28 JUNIO
Santos Ireneo de Lyon, Argimiro, Pablo I, Lucía Wang-Cheng

No os fatiguéis por las cosas que generan turbación y ansiedad. Una sola cosa es necesaria: elevar el espíritu y amar a Dios.

29 JUNIO
SANTOS PEDRO Y PABLO APÓSTOLES,
Emma, Siro

Vive de manera tal que el Padre celestial se pueda gloriar de ti, como lo hace de tantas almas elegidas. Vive de manera que en cada instante puedas repetir con el apóstol Pablo: "*Sed mis imitadores, como yo lo he sido de Jesucristo*".

30 JUNIO
Santos Protomártires de Roma, Marcial, Ladislao, Adolfo

Confiad en Dios, abandonándoos tranquilamente en brazos del Padre celestial, como un tierno niño en brazos de su madre.

JULIO

1 JULIO
Santos Aarón, Nicasio, Justino Orona y Atilano Cruz

Sed como pequeñas abejas espirituales, que no llevan a su colmena sino miel y cera. Su casa esté siempre llena de dulzura, de paz, de concordia, de humildad y de piedad por su conversación.

2 JULIO
Santos Bernardino Realino, Liberato, Monegunda

Sé en familia alma de profunda convicción, sonriente en la abnegación y en la inmolación constante de ti mismo.

3 JULIO
Santos Tomás Apóstol, Heliodoro, León

Mientras tu corazón quiera ser siempre fiel, Dios no te mandará más peso que el que puedes soportar, y sostendrá contigo la carga mientras que tú, de buen grado, ofrezcas tu espalda.

4 JULIO
Santos Isabel de Portugal, Valentín de Berriochoa, Berta. Beato Pedro Jorge Frassati

Nada más repugnante que una mujer, sobre todo si es esposa, ligera, frívola y orgullosa. La esposa cristiana debe ser una mujer de sólida piedad hacia Dios, ángel de paz en familia, digna y agradable para con el prójimo.

5 JULIO
Santos Antonio Mª Zaccaría, Marta

Vivid en calma y no os preocupéis, porque el Espíritu Santo exige, para actuar más libremente, tranquilidad y calma.

6 JULIO
Santos María Goretti, Rómulo, Paladio

Ama a Jesús, ámalo mucho; pero para esto: ama aún más el sacrificio.

7 JULIO
Santos Fermín, Odón, Edilburga

Ama el silencio, porque en el mucho hablar hay siempre algo de culpa. Mantente en el retiro cuanto te sea posible, porque en el retiro el Señor habla al alma libremente y el alma está en mejor situación para escuchar su voz.

8 JULIO
Santos Áquila y Priscila, Adrián, Pancracio

Hay alegrías tan sublimes y dolores tan profundos, que la palabra mal sabría expresar. El silencio es el último expediente del ánimo, en la inefable felicidad como en las supremas opresiones.

9 JULIO
Santos Juan de Colonia, Verónica Giuliani. Ntra. Sra. del Rosario de Chiquinquirá

Yo no amo el sufrimiento en sí mismo, o lo pido a Dios, lo reclamo por los frutos que me da: glorifica a Dios, salva a los hermanos de este exilio, libera a las almas del fuego del Purgatorio, y... ¿qué más puedo pedir?

10 JULIO
Santas Amalia, Rufina, Segunda, Anatolia y Victoria

Consolémonos al vernos cada vez más oprimidos por las aflicciones, demos gracias a la divina piedad, que nos hace partícipes de la pasión y muerte de nuestro divino Maestro, y hasta que se pueda decir de nosotros "este cristiano es otro Cristo", no nos detengamos hasta subir al Calvario.

11 JULIO
Santos Benito, Pío I, Olga, Marciano, Marciana

Jesús me dice que en el amor es Él quien me deleita; en cambio, en el dolor, soy yo quien le
deleita a él.

12 JULIO
Santos Ignacio Clemente Delgado, Juan Gualberto, Juan Jones y Juan Wall

El sufrimiento de los males físicos y morales es la ofrenda más digna que puede hacer a Aquel que nos ha salvado sufriendo.

13 JULIO
Santos Enrique, Teresa de J. de los Andes, Silas, Esdras. B. Jacobo de Varazze

Si sufres resignándote a su voluntad tú no lo ofendes, sino que lo amas. Y tu corazón tendrá gran consuelo si piensas que, en la hora del dolor, Jesús mismo sufre en ti y por ti. Él no te abandonó cuando huías de Él, ¿por qué debería abandonarte ahora que en el martirio de tu alma le das pruebas de amor?

14 JULIO
Santos Camilo, Francisco Solano, Tuscana

La vida es un Calvario; pero conviene subir alegremente. Las cruces son los collares del Esposo y yo soy celoso de ellos. Mis sufrimientos son agradables. Sufro solamente cuando no sufro.

15 JULIO
Santos Buenaventura, Pompilio Mª Pirrotti, Vladimiro

¡Algunas dulzuras interiores son cosas de niños! No son signo de perfección. No dulzuras, sino dolor es lo que se necesita. Las arideces, el disgusto, la impotencia, éstos son los signos de un amor auténtico. El dolor es agradable. El destierro es hermoso, porque se sufre y así podemos ofrecer algo de Dios. El don de nuestro dolor, de nuestros sufrimientos es algo grande, que no podemos tener en el paraíso.

16 JULIO
Ntra. Sra. del Carmen. Santos Reinilda, Grimoaldo y Gondulfo

También nosotros, regenerados en el santo bautismo, correspondamos a la gracia de nuestra vocación a imitación de nuestra Madre Inmaculada, dedicándonos continuamente al conocimiento de Dios para conocerlo cada vez mejor, servirlo y amarlo.

17 JULIO
Santos Justa y Rufina, Marcelina, Alejo, Jacinto

El ser tentado es signo de que el alma es muy grata al Señor.

18 JULIO
Santos Arnulfo, Teodosia, Bruno, Federico

Que las tentaciones no te acobarden: son la

prueba de que Dios quiere experimentar cuando te ve con las fuerzas necesarias para sostener el combate, y así tejer con sus propias manos tu túnica de gloria.

19 JULIO
Santos Epafras, Macrina, Áurea, Belnoldo

No te fastidies demasiado por curar tu corazón, pues tu pena lo volvería más enfermo. No te esfuerces demasiado por vencer tus tentaciones, pues con violencia las fortificarías más. Desprécialas y no te preocupes más.

20 JULIO
Santos Apolinar, Elías, José M. Díaz Sanjurjo, Marina, Aurelio

No abandones tu alma a la tentación, dice el Espíritu Santo, porque la alegría del corazón es la vida del alma; es un tesoro inagotable de santidad; mientras la tristeza es la muerte lenta del alma y no es útil para nada.

21 JULIO
Santos Lorenzo de Brindis, Práxedes, Víctor, Alberico

Ten muy presente que cuanto más crecen los asaltos del enemigo, tanto más cerca del alma está Dios. Piensa y compenétrate bien de esta grande y reconfortante verdad.

22 JULIO
Santos María Magdalena, Anastasio, Cirilo, Gualterio (Walter)

No dejes que las innumerables tentaciones que se presentan te atemoricen, porque el Espíritu Santo advierte al alma devota para que se prepare a enfrentarlas.

23 JULIO
Santos Brígida, Ezequiel, Juan Casiano, Severo. B. Margarita Maturana

La tentación es un signo seguro e inefable de la salud del alma. Piensa que los santos no fueron privados de esta prueba y esto te dará el coraje para soportarlas.

24 JULIO
Santos Sarbelio, José Fernández, Cristina, Balduino, Boris y Gleb

El Señor hace ver y llama, pero no se quiere ver ni responder, porque gustan los propios intereses. También sucede, a veces, por el hecho de haber siempre escuchado la voz, que ya no se la escucha; pero el Señor ilumina y llama. Son los hombres los que se colocan en posición de no poder oír ya.

25 JULIO
Santos Santiago el Mayor, Cucufate, Cristóbal, Olimpia

Jesús llama a los pobres, a los simples. Nos llama también a nosotros con sus divinas inspiraciones y se nos comunica con su gracia. ¿Cuántas veces nos ha invitado también a nosotros? ¿Y con qué rapidez le hemos contestado?

26 JULIO
Santos Joaquín y Ana, Jorge Precca

Repetid con frecuencia las palabras divinas de nuestro querido Maestro: "Hágase tu voluntad en la tierra como en el cielo".

27 JULIO
Santos Celestino I, Pantaleón, Juliana y Semproniana. B. Tito Brandsma

El Señor no puede darme un Cireneo. No tengo sino que cumplir la voluntad de Dios y, si le agrado, lo demás no importa.

28 JULIO
Santos Víctor I, Melchor de Quirós, Pedro Poveda, Nazario y Celso

En todos los acontecimientos humanos, aprende a reconocer y a adorar la voluntad de Dios. Busquemos servir al Señor con todo el corazón y con toda la voluntad. Nos dará siempre mucho más de lo que merecemos.

29 JULIO
Santos Marta de Betania, Urbano II, Félix, Próspero

Cumpliendo la voluntad de los demás debemos considerar estar haciendo la voluntad de Dios, que se manifiesta en la de nuestros superiores y de nuestro prójimo.

30 JULIO
Santos Pedro Crisólogo, Abdón y Senén, Julita

Vigilemos para que el enemigo no se abra camino para entrar en nuestro espíritu y profanar el templo del Espíritu Santo.

31 JULIO
Santos Ignacio de Loyola, Fabio, Elena

Tened siempre en alto el espíritu y el corazón. Alejaos poco a poco de los afectos terrenos, despojaos del hombre viejo y aspirad a la felicidad que nos está preparada.

AGOSTO

1 AGOSTO
Santos Alfonso Mª de Ligorio, Félix
Abandónate totalmente en los brazos de la Divina Providencia.

2 AGOSTO
Santos Eusebio, Pedro Julián Eymard.
B. Juana de Aza.
Ntra. Sra. de los Ángeles
Si eres humilde, tranquilo, dulce, lleno de confianza; si no te impacientas, si no te preocupas demasiado, si no te turbas por todo aquello que estás sufriendo; si franca y firmemente, aunque no de buena gana y alegre, abrazas todas las cruces y te contentas con permanecer entre las tinieblas del espíritu que el cielo te envía, tú, de este modo, amarás tu humillación.

3 AGOSTO
Santos Martín, Eufronio, Pedro

Alaba sólo a Dios y no a los hombres, honra al Creador y no a la criatura.
Sé capaz de soportar las amarguras durante toda tu vida para poder participar de los sufrimientos de Cristo.

4 AGOSTO
Santos Juan M. Vianney, Jacinto, Rainiero, Aristarco

La divina solicitud no sólo no rechaza a las almas arrepentidas, sino que sale en busca de la más empedernida.

5 AGOSTO
Dedicación Basílica Santa María la Mayor, Virgen de las Nieves, Virgen Blanca

Jesús, que reinaba en los cielos con la humanidad que había tomado de las vísceras de la Virgen, quiso que también su Madre, no sólo con el alma, sino también con el cuerpo, se uniera a Él y compartiera plenamente su gloria.

6 AGOSTO
Transfiguración del Señor.
Santos Justo y Pastor, Hormisdas

Subamos con generosidad al Calvario por amor de Quien se inmoló por nuestro amor y seamos pacientes, seguros de levantar el vuelo hacia el Tabor.

7 AGOSTO
Santos Sixto II, Cayetano, Alberto, Donato, Afra, Miguel de la Mora

Casi todos vienen a Mí para que les alivie la Cruz; son muy pocos los que se me acercan para que les enseñe a llevarla.

8 AGOSTO
Santos Domingo de Guzmán, Bonifacia Rodríguez, Ciriaco

Apelad a Dios cuando vuestra cruz os martiriza. Así imitareis a su Hijo que, en Getsemaní, imploró algún alivio. Pero como Él, estad dispuestos a decir: *FÍAT*.

9 AGOSTO
Santos Teresa Benedicta de la Cruz (Edith Stein), Román

La vida del cristiano no es más que un perpetuo esfuerzo contra sí mismo. El alma no florece sino merced al dolor.

10 AGOSTO
Santos Lorenzo, Blano

Estrecha en tu corazón a Jesucristo crucificado y todas las cruces del mundo te parecerán rosas.

11 AGOSTO
Santos Clara, Susana, Rufino, Alejandro

Pidamos también nosotros a nuestro querido Jesús la humildad, la confianza y la fe de nuestra querida santa Clara; como ella pidamos a Jesús fervorosamente, abandonarnos a Él, desapegándonos de este embustero aparato del mundo en donde todo es locura y vanidad. Todo pasa, sólo Dios le queda al alma, si ha sabido amarlo mucho.

12 AGOSTO
Santos Juana F. de Chantal, Aniceto y Focio. Beata Victoria Díez

Soy enemigo de los deseos inútiles, igual que de los deseos peligrosos y malos, puesto que, aunque lo que se desee sea bueno, también el deseo es siempre defectuoso respecto de nosotros, sobre todo cuando está mezclado a excesiva solicitud, pues Dios no exige este bien, sino otro en el que quiere que nos ejercitemos.

13 AGOSTO
Santos Ponciano e Hipólito, Máximo el Confesor, Radegunda, Benildo

Haced uso cristiano de vuestro dinero y ahorros, y entonces desaparecerá tanta miseria y muchos cuerpos doloridos y muchos seres afligidos encontrarán alivio y ánimo.

14 AGOSTO
Santos Maximiliano Mª Kolbe, Marcelo, Arnulfo

Las tribulaciones, las cruces, son siempre herencia y porción de las almas elegidas.

15 AGOSTO
ASUNCIÓN DE LA VIRGEN MARÍA.
Santos Tarsicio, Luis, Manuel, Salvador y David

El alma bienaventurada de María, como paloma a la que se le rompieron las ataduras, se desligó de su santo cuerpo y voló al seno de su amado.

16 AGOSTO
Santos Esteban de Hungría, Roque, Beatriz de Silva, Teodoro

No le tengáis miedo a Dios, porque Él no quiere haceros ningún mal; amadlo mucho, porque os quiere hacer un gran bien.

17 AGOSTO
Santos Jacinto de Polonia, Eusebio, Clara de Montefalco, Juana

El Espíritu de Dios es espíritu de paz, y hasta en las faltas más graves nos hace sentir un dolor tranquilo, humilde, confiado, y eso depende precisamente de su misericordia. En cambio, el espíritu del demonio excita, exaspera y nos hace sentir, en el dolor mismo, casi la ira contra nosotros mismos, mientras, en cambio, la primera caridad la tenemos que usar precisamente con nosotros. Por tanto, si algunos pensamientos te disturban, piensa que esta agitación no viene nunca de Dios, quien te da la tranquilidad y es espíritu de paz, sino del diablo.

18 AGOSTO
Santos Alberto Hurtado, Elena. Beato Manés de Guzmán

Servir a Dios sin probar en el ámbito sensible una cierta consolación, es lo que constituye la devoción sustancial y verdadera. Esto significa servir a Dios y amarlo por amor de Él mismo.

19 AGOSTO
Santos Juan Eudes, Ezequiel Moreno, Luis, Sixto, Magín

La mano del Padre no rechaza nunca, sino que llama, abraza, acaricia y, si alguna vez golpea, lo hace paternalmente.

20 AGOSTO
Santos Bernardo, Samuel, Leovigildo, Cristóbal

Os basta saber que estáis haciendo la voluntad de Dios. Por lo mismo, os exhorto a que os acerquéis a Él con confianza y con amor desinteresado. Él os amó y debéis corresponder de la mejor manera posible a su amor. Él no desea otra cosa, confiad, orad, esperad y amad siempre.

21 AGOSTO
Santos Pío X, Ciriaca, José Dang Dinh

Permanece siempre alegremente en paz con tu conciencia, reflexionando que te encuentras al servicio de un Padre infinitamente bueno, que por sola ternura desciende hasta su criatura para levantarla y transformarla en Él, su creador.

22 AGOSTO
María Reina. Santos Sinforiano, Felipe Benizi, Juan Kemble

María sea la estrella que ilumina el sendero, os muestre el camino seguro para ir al Padre celestial, sea ella como el ancla a la siempre hay que agarrarse en el tiempo de la prueba.

23 AGOSTO
Santos Rosa de Lima, Eugenio, Abundio e Ireneo

Dios nos ama, y mucho. Corresponder a su amor es nuestro compromiso.

24 AGOSTO
Santos Bartolomé Apóstol, Jorge, Juana Antida Thouret, Emilia de Vialar

En el dolor, Jesús está más cerca. Él nos contempla y es quien viene a pedirnos penas, lágrimas... Las necesita para las almas.

25 AGOSTO
Santos Luis IX de Francia, José de Calasanz. Beato Luis Urbano

El dolor ha sido amado con voluptuosidad por las almas grandes. Es el auxiliar de la creación después de la desventura de la caída; es la palanca más poderosa para volver a levantarlo, es el segundo brazo del amor infinito para nuestra regeneración.

26 AGOSTO
Santos Teresa de J. Jornet, Melquisedec. Beato Junípero Serra

La vida no es sino una perpetua reacción contra sí mismos y no se abre la belleza sino a precio del dolor. Haced siempre compañía a Jesús en Getsemaní y él sabrá reconfortaros en las horas angustiosas que vendrán.

27 AGOSTO
Santos Mónica, Cesáreo de Arlés, Amadeo, David Lewis

Dios es Padre de todos, pero de manera muy especial lo es para los infelices, y de manera mucho más singular para ti que eres viuda y viuda madre.

28 AGOSTO
Santos Agustín, Julián, Hermes, Alejandro

Busquemos servir al Señor con todo el corazón y con toda la voluntad. Nos dará siempre mucho más de lo que merecemos.

29 AGOSTO
Martirio de San Juan Bautista.
Santos Sabino, Víctor, Adelfo

Acepta todo el dolor e incomprensión que viene de lo alto. Así te perfeccionarás y santificarás.

30 AGOSTO
Santos Juana Jugan, Félix y Adauto, Margarita Ward

Confiad en Dios y abrid vuestro corazón a los carismas del Espíritu Santo, que espera cualquier gesto de vuestra parte para enriqueceros.

31 AGOSTO
Santos Ramón Nonato, José de Arimatea y Nicodemo, Dominguito del Val

Que el Espíritu Santo os llene de sus santísimos dones, os guíe por los caminos de la eterna salvación y os conforte en las innumerables aflicciones.

SEPTIEMBRE

1 SEPTIEMBRE
Santos Josué, Gil, Sixto, Vicente
La humildad y la caridad son las piedras maestras de todo gran edificio.

2 SEPTIEMBRE
SS. Antonino, Zenón, Teódota. B. Ingrid
Seamos humildes y reconozcamos que si Dios no fuese nuestra coraza y nuestro escudo, seríamos traspasados por toda clase de pecados. Por eso, tenemos que mantenernos unidos a Dios con la perseverancia en nuestras acciones, y aprender a servirle con nuestras propias fuerzas. En la medida en que los dones crecen en ti, haz que crezca también tu humildad, de tal manera que puedas considerarlo todo como si fuera un préstamo.

3 SEPTIEMBRE
Santos Gregorio Magno, Basilisa, Sandalio
Sé siempre humilde, y conserva celosamente la pureza de tu corazón y tu cuerpo,

porque estas son las dos alas que nos elevan hasta Dios y casi nos divinizan.

4 SEPTIEMBRE
Santos Moisés, Marcelo, Cándida, Rosalía, Ntra. Sra. de la Consolación

Que la Madre de Jesús y también la nuestra continúe dándonos la fuerza necesaria para combatir y vencer en las luchas dispuestas por Dios, para ventaja nuestra.

5 SEPTIEMBRE
Santos Bertín, Urbano, Pedro Nguyen. Beata Teresa de Calcuta

Debes insistir sobre la base de la justicia cristiana y sobre el fundamento de la bondad, sobre la virtud, o sea, de lo que explícitamente Jesús se pone como modelo: la humildad. Humildad interna y externa, pero más interna que externa, más sentida que demostrada, más profunda que visible.

6 SEPTIEMBRE
Ntra. Sra. de Guadalupe (España). Santos Zacarías, Onesíforo, Bega

María sea toda la razón de tu existencia y te guíe al puerto seguro de la eterna salvación. Ella te sea dulce modelo e inspiradora en la virtud de la santa humildad.

7 SEPTIEMBRE
Santos Regina, Madelberta, Clodoaldo

La humildad es la verdad, y la verdad es que yo no soy nada, y todo lo que hay de bueno en mí, es de Dios. Y a menudo desperdiciamos incluso lo que de bueno puso Dios en nosotros.

8 SEPTIEMBRE
Natividad de María. Santos Fausto, Sergio. Beato Federico Ozanam

María llene de flores y de perfumes tu alma con nuevas virtudes y coloque su mano materna sobre tu cabeza. Mantente cada vez más unido a la Madre Celestial, porque ella es el mar a través del cual se alcanzan las orillas de los esplendores eternos en el reino de la aurora.

9 SEPTIEMBRE
Santos Pedro Claver, María de la Cabeza

Hay que luchar y esforzarnos por subir. Es cierto que no llegaremos nunca a la cima sin un encuentro con Dios. Para encontrarnos, nosotros debemos subir y Él bajar. Pero cuando ya no podemos más, entonces, al detenernos, humillémonos y en esta humildad nos encontraremos con Dios, porque Él baja al corazón humilde.

10 SEPTIEMBRE
Santos Nicolás de Tolentino, Pedro de Mezonzo. Beato Francisco Gárate

En este mundo ninguno de nosotros merece nada; es el Señor el que es benévolo respecto de nosotros y su infinita bondad es la que concede, porque todo lo perdona.

11 SEPTIEMBRE
Santos Proto y Jacinto, Félix y Régula, Emiliano. Ntra. Sra. de Coromoto

Primero miremos hacia lo alto y después mirémonos a nosotros mismos. La infinita distancia que hay entre el azul y el abismo genera humildad.

12 SEPTIEMBRE
Dulcísimo Nombre de María. Santos Guido, Albeo. Ntra. Sra. Fuensanta

María te convierta en gozo todos los dolores de la vida.

13 SEPTIEMBRE
Santos Juan Crisóstomo, Julián, Marcelino

Sed amantes y practicantes de la sencillez y de la humildad, y no os preocupéis de los juicios del mundo, porque si este mundo no tuviese nada que decir contra nosotros, no seríamos verdaderos siervos de Dios.

14 septiembre
Exaltación de la Santa Cruz.
Santos Alberto, Notburga

¡Qué dulce es el nombre de la cruz! Allí, al pie de la cruz de Jesús, las almas se revisten de luz, se inflaman de amor, allí les crecen alas para elevarse en los vuelos más excelsos.

15 SEPTIEMBRE
Ntra. Sra. de los Dolores.
Santos Nicomedes, Valeriano, Alpino

La Virgen Dolorosa nos quiere mucho, nos ha dado a luz en el dolor y en el amor. La Dolorosa no se aleje nunca de tu mente y sus dolores queden impresos en el corazón; lo encienda de amor por ella y por su Hijo.

16 SEPTIEMBRE
Santos Cornelio y Cipriano, Juan Macías, Eufemia, Rogelio

Debemos rendir cuentas de cada minuto, de cada movimiento de la gracia, de cada santa inspiración, de cada ocasión que se nos presenta para hacer el bien.

17 SEPTIEMBRE
Santos Roberto Belarmino, Pedro Arbués, Lamberto, Columba

Pobres de aquellas almas que se hunden en el torbellino de las preocupaciones mundanas; cuanto más aman el mundo, más se multiplican sus pasiones, más se encienden sus deseos, más incapaces se sienten frente a sus proyectos; y entonces las inquietudes, las impaciencias, los choques terribles destrozan sus corazones, porque están desprovistos de caridad y de santo amor.

18 SEPTIEMBRE
Santos José de Cupertino, Ariadna, Sofía, Domingo Trach

La presencia de los mundanos y de todos aquellos que no vivan del espíritu de Jesucristo, no os disuadan de pisar el mismo camino que pisaron los santos.

19 SEPTIEMBRE
Santos Jenaro, Alonso de Orozco, Mariano, María de Cervelló

El don de la oración está en manos del Salvador. Cuanto más te vacíes de ti mismo, es decir, de tu amor propio y de toda atadura carnal, entrando en la santa humildad, más lo comunicará Dios a tu corazón.

20 SEPTIEMBRE
Santos Andrés Jim, Pablo Chong, Juan Carlos Cornay

No emprendáis nunca ningún trabajo, ni cualquier otra acción, sin haber antes elevado tu mente a Dios, y dirigir a Él, con santa intención, todas las acciones que vais a realizar.

21 SEPTIEMBRE
Santos Mateo Apóstol, Jonás, Cástor, Landelino, Maura

El poder de Dios triunfa sobre todo, pero la humilde y doliente oración triunfa sobre

Dios mismo, le detiene el brazo, apaga el rayo, lo desarma, lo vence, lo aplaca y lo vuelve casi dependiente y amigo.

22 SEPTIEMBRE
Santos Mauricio, Emérita. B. José Aparicio y 232 mártires de Valencia

Nunca tengáis miedo a las asechanzas del enemigo, que, aunque sean vigorosas, jamás os envolverá en sus rede si permanecéis fieles al Señor y os mantenéis vigilantes, fortalecidos con la oración y con la santa humildad.

23 SEPTIEMBRE
Santos Pío de Pietrelcina, Zacarías e Isabel, Lino. Beatos Cristóbal, Antonio y Juan

Entregaría mil veces la vida sin con ello lograra que un alma sola alabase una vez más al Señor.

24 SEPTIEMBRE
Ntra. Sra. de la Merced.
Santos Gerardo Sagredo, Antonio González

No os dediquéis tanto a la actividad de Marta que olvidéis el silencio y el abandono de María. La Virgen, que concilia tan bien uno y otro oficio, os sirva de dulce modelo y de inspiración.

25 SEPTIEMBRE
Santos Cleofás, Fermín y Tata y 4 hijos.
Aquellos que aspiran al puro amor de Dios no tienen tanta necesidad de la paciencia con los demás, como con ellos mismos.

26 SEPTIEMBRE
Santos Cosme y Damián, Gedeón, Nilo, Lucía Kim
Si permanecemos calmados y pacientes, encontraremos no sólo a nosotros mismos, sino también a nuestra alma y con ella a Dios.

27 SEPTIEMBRE
Santos Vicente de Paúl, Cayo, Adolfo y Juan
La paciencia es más perfecta cuando está menos mezclada con inquietud y disturbios. Si el buen Dios quiere prolongar la hora de la prueba, no os lamentéis ni pretendáis investigar el porqué, sino tened siempre presente lo que los hijos de Israel

tuvieron que viajar durante cuarenta años en el desierto antes de poner pie en la tierra prometida.

28 SEPTIEMBRE
Santos Lorenzo Ruiz, Wenceslao, Simón de Rojas

Ojalá pudiésemos penetrar, aunque fuera por un instante, en ese misterio que tiene atónitos a los mismos espíritus celestiales; es decir, el estado al que hemos sido elevados por la gracia de Dios: ser sus hijos, y estar destinados a reinar con su Hijo por toda la eternidad.

29 SEPTIEMBRE
Santos Arcángeles Miguel, Gabriel y Rafael

Los ángeles sólo nos tienen envidia por una cosa: ellos no pueden sufrir por Dios.

30 SEPTIEMBRE
Santos Jerónimo, Eusebia, Antonio, Honorio

Postrémonos delante del pesebre al igual que San Jerónimo, el santo lleno de amor al

Niño Jesús, ofrezcámosle todo nuestro corazón sin ninguna reserva, y prometámosle seguir las enseñanzas que nos lleguen de la gruta de Belén, las cuales nos predican aquí abajo que todo es vanidad y nada más que vanidad.

OCTUBRE

1 OCTUBRE
Santos Teresa del Niño Jesús, Verísimo, Máxima y Julia, Román.
B. Juan de Palafox

Como las abejas, que sin dudar atraviesan a veces amplias extensiones de campos, con tal de llegar a las flores preferidas, y luego, cansadas, pero satisfechas y llenas de polen, vuelven a la colmena para realizar allí en fecunda obra silenciosa la sabia transformación del néctar de vida, así vosotros, después de haber recogido la Palabra de Dios, mantenedla bien cerrada en el corazón, volved a la colmena, es decir a meditarla con atención, buscad los significados profundos.

2 OCTUBRE
Santos Ángeles Custodios, Saturio

Junto a nosotros hay un espíritu que desde la cuna a la tumba no nos abandona un instante, ni siquiera cuando nos atrevemos a pecar. Y este espíritu celestial nos guía, nos protege como un amigo y un hermano. Que el buen ángel te cuide y que sea tu guía en el áspero sendero de la vida.

3 OCTUBRE
Santos Francisco de Borja, Dionisio Areopagita, Gerardo

Amar a Dios en la dulzura, hasta los niños podrían hacerlo; pero amarlo en la amargura, es la contraseña de nuestra amorosa fidelidad al Señor.

4 OCTUBRE
Santos Francisco de Asís, Áurea de París, Petronio, Quintín

El gozo es un brote de la caridad; pero para ser perfecto y verdadero, este gozo necesita tener la paz como inseparable compañía, y la paz se produce en nosotros cuando el bien que poseemos es un bien supremo y seguro.

5 OCTUBRE
Santos Mª Faustina Kowalska, Apolinar, Mauro y Plácido

A Dios se le busca en los libros, se le encuentra en la meditación. En la medida en que vaciéis vuestro Yo de sí mismo –es decir, del apego a los sentidos y a vuestra propia voluntad–, echando raíces en la santa humildad, el Señor hablará a vuestro corazón.

6 OCTUBRE
Santos Bruno, María Francisca, Román

Para alcanzar nuestro fin último es necesario seguir al Jefe divino, que no suele conducir al alma elegida por otro camino que no sea el mismo que Él recorrió: el camino de la abnegación de la cruz.

7 OCTUBRE
Ntra. Sra. la Virgen del Rosario.
Santos Justina, Martín Cid, Marcelo

Seamos inmensamente gratos a la Virgen. ¡Ella nos dio a Jesús! Permaneced como la Virgen, al pie de la Cruz, y seréis consolados. Ni siquiera allí María se sentía abandonada. Por el contrario, su Hijo la amó aún más por sus sufrimientos.

8 OCTUBRE
Santos Hugo, Pelagia, Evodio, Reparada

No os complazcáis nunca en vosotros

mismos, por muy buenos que os descubráis, porque todo don perfecto viene de lo alto.

9 OCTUBRE
Santos Dionisio, Juan Leopardi, Luis Bertrán, Abrahán

El Señor nos hace conocer quiénes somos poco a poco. En verdad me parece inconcebible cómo uno, que tiene inteligencia y conciencia, pueda enorgullecerse.

10 OCTUBRE
Santos Tomás de Villanueva, Daniel Comboni, Casio y Florencio

Guardad en lo más hondo del espíritu las palabras de Nuestro Señor: *"A fuerza de paciencia, poseeréis vuestra alma"*.

11 OCTUBRE
Santos María Soledad Torres, Felipe Diácono. Beato Juan XXIII

Cuando no logres caminar a grandes pasos por el camino que conduce a Dios, conténtate con los pequeños pasos y espera pacientemente tener piernas para correr, o mejor, alas para volar.

12 OCTUBRE
Ntra. Sra. del Pilar.
Santos Félix IV, Serafín, Maximiliano

Si no hubiera fe, los hombres te llamarían diosa. Tus ojos resplandecen más que el sol; eres hermosa, Madre, me glorío. ¡Te quiero!

13 OCTUBRE
Santos Teófilo, Fausto, Jenaro y Marcial, Venancio

La paz es el orden, es la armonía entre todos nosotros, ella es un goce continuo, que nace de la certeza de la buena conciencia.

14 OCTUBRE
Santos Calixto I. Beata María Poussepin

El enemigo de nuestra salvación sabe muy bien que la paz del corazón es un indicio seguro de la presencia divina.

15 OCTUBRE
Santos Teresa de Jesús, Severo, Tecla

Bendigo de corazón a Dios que me ha hecho conocer almas realmente buenas y a ellas también he anunciado que sus almas son la viña del Señor: la cisterna es la fe; la torre es la esperanza; el lagar es la santa caridad; la cerca es la ley de Dios que la separa de los hijos del siglo.

16 OCTUBRE
Santos Eduvigis, Margarita Mª Alacoque, Longinos, Gerardo Mayela

El Corazón de Jesús sea el centro de todas tus inspiraciones.

17 OCTUBRE
Santos Ignacio de Antioquía, Oseas, Rufo y Zósimo

Os ha destinado a gran santidad y por ello os ha sometido a cruces no comunes y todavía os someterá a más.

18 OCTUBRE
Santos Lucas Evangelista, Amable, Asclepiades

¡Ánimo! Jesús está con nosotros, y esto nos basta. No te aflijas. Es suficiente con que amemos a Jesús y que él nos ame.

19 OCTUBRE
Santos Juan de Brébeuf e Isaac, Pablo de la Cruz, Pedro de Alcántara, Joel

La lucha será tremenda, pero no hay que temer que se pierda la batalla: el Espíritu Santo os dará fuerza para soportarlo todo y superarlo.

20 OCTUBRE
Santos Cornelio Centurión, Vital, Adelina, Andrés Calibia

La lucha que antecede a la obra buena que se quiere realizar, es como la antífona que precede al salmo solemne que se va a cantar.

21 OCTUBRE
Santos Hilarión de Gaza, Viator, Celina, Severino

En las horas de lucha acordémonos de Jesús, que está con nosotros y sufre con nosotros y por nosotros. Recurramos a él y seremos siempre confortados, así alcanzaremos y cantaremos siempre victoria delante de Dios.

22 OCTUBRE
Santas Nunilo y Alodía.
Beato Timoteo Giaccardo

Reza, espera y no te preocupes. La preocupación es inútil. Dios es misericordioso y escuchará tu oración... La oración es la mejor arma que tenemos; es la llave al Corazón de Dios. Debes hablarle a Jesús, no sólo con tus labios sino con tu corazón. En realidad, en algunas ocasiones debes hablarle sólo con el corazón...

23 OCTUBRE
Santos Juan de Capistrano, Marcos, Valerio

Una sola cosa es necesaria: consolar tu espíritu y amar a Dios.

24 OCTUBRE
Santos Antonio Mª Claret, Proclo

En los libros buscamos a Dios, en la oración lo encontramos. La oración es la llave que abre el corazón de Dios.

25 OCTUBRE
Santos Crisanto y Daría, Frutos, Valentín y Engracia, Bernardo Calbó

Si no podéis hablar al Señor porque sois

inexpertos en las vías del espíritu, alabadlo, escuchadlo. Paraos delante de Él, y como los cortesanos, hacedle una reverencia.

26 OCTUBRE
Santos Albino, Fulco, Luciano y Marciano, Amando

No te sientes a la mesa sin antes haber elevado tu acción de gracias al cielo, y solicita la ayuda divina para que la comida que vas a tomar para alimentar el cuerpo, no haga daño a tu espíritu.

27 OCTUBRE
Santos Evaristo, Gaudioso, Vicente, Sabina y Cristeta

Ora y espera; no te agites. La agitación no sirve de nada. Dios es misericordioso y escuchará tu oración.

28 OCTUBRE
Santos Simón y Judas Tadeo Apóstoles, Fidel, Francisco Serrano, Rodrigo Aguilar

Todas las oraciones son buenas cuando van acompañadas por la recta intención y por la buena voluntad.

29 OCTUBRE
Santos Narciso, Feliciano, Honorato, Joaquín Royo

No te aflijas hasta el punto de perder la paz interior. Ora con perseverancia, con confianza y con mente calmada y serena.

30 OCTUBRE
Santos Marcelo, Claudio, Lupercio y Victorico, Germán, Gerardo

El modo de estar en la presencia de Dios, solamente para manifestar con nuestra voluntad que nos reconocemos sus servidores, es santísimo, excelentísimo, purísimo y de grandísima perfección.

31 OCTUBRE
Santos Alonso Rodríguez, Jerónimo Hermosilla, Quintín. Beata María de la Purísima

Cuando estéis cerca de Dios en la oración considerad su verdad, habladle si podéis, y si no podéis, quedaos allí y haceos ver.

NOVIEMBRE

1 NOVIEMBRE
TODOS LOS SANTOS
La santidad consiste en amar al prójimo como a nosotros mismos por amor a Dios. Procura tener una mente siempre pura en sus pensamientos, siempre recta en sus ideas, siempre santa en sus intenciones; una voluntad, además, que no busque otra cosa que a Dios, su complacencia, su gloria y su honor.

2 NOVIEMBRE
TODOS LOS FIELES DIFUNTOS
No tengo otro deseo que el de morir o amar a Dios: o la muerte o el amor; pues la vida sin este amor es peor que la muerte. Para mí sería más insostenible que la presente.

3 NOVIEMBRE
Santos Martín de Porres, Pedro Almató, Germán, Silvia. B. Manuel Lozano (Lolo)

A Dios se sirve solamente cuando se le sirve como Él quiere.

4 NOVIEMBRE
Santos Carlos Borromeo, Vital y Agrícola, Félix de Valois

El demasiado miedo nos hace obrar sin el amor, y la demasiada confianza no nos deja consi-derar y temer el peligro que tenemos que superar. La una debe dar la mano a la otra y caminar juntas como dos hermanas. Así hay que hacer siempre, porque si nos damos cuenta de tener miedo o de temer demasiado, entonces debemos recurrir a la confianza, si con-fiamos excesivamente, tenemos en cam-bio que tener un cierto temor, porque el amor tiende al objeto amado, pero es ciego al avan-zar, no ve, pero el santo temor lo ilumina.

5 NOVIEMBRE
Santos Ángela de la Cruz, Bertila, Domingo Mâu. Beata María Rafols

Las tribulaciones, las cruces son siempre la

herencia y la porción de las almas elegidas.

6 NOVIEMBRE
Santos Severo, Leonardo, Melanio. BB. Mártires del siglo XX en España

No se puede esperar demasiado de los hombres. La gratitud de los beneficiados nunca llegará hasta el punto de perdonar a los benefactores.

7 NOVIEMBRE
Santos Lázaro, Jerón, Florencio, Jacinto Castañeda. Beato Francisco Palau

¡Qué sublime es la eternidad del cielo y cuán miserables los momentos sobre la tierra! Aspira continuamente a la primera y desprecia ardientemente la comodidad y los tiempos de la vida mortal.

8 NOVIEMBRE
Santos Godofredo, Adeodato. Beatos Juan Duns Escoto, Isabel de la Trinidad

El más bello acto de fe es el que brota de tus labios en la oscuridad, en el sacrificio, en la pena, en el esfuerzo supremo de una voluntad inflexible por hacer el bien.

9 NOVIEMBRE
Dedicación de la Basílica de Letrán.
Santos Jorge, Ursino

Con la fe y la esperanza no os faltará el néctar del amor, que os une siempre al Sumo Bien.

10 NOVIEMBRE
Santos León Magno, Orestes, Andrés Avelino

En la escuela de Jesús aprendí que el silencio y la esperanza son la fortaleza del alma.

11 NOVIEMBRE
Santos Martín de Tours, Teodoro Estudita, Marina de Omura

Hay que ser fuertes para llegar a ser grandes: he aquí nuestro deber. La vida es una lucha de la que no podemos escapar, sino que hay que triunfar.

12 NOVIEMBRE
Santos Josafat, Millán de la Cogolla, Nilo, Margarito Flores

Que tu corazón esté blindado por todos lados, a fin de que, si lo sorprenden las agitaciones y tempestades del mundo, no puedan penetrar en él.

13 NOVIEMBRE
Santos Leandro, Estanislao de Kostka, Diego de Alcalá

¡Ay de aquellos que no son honestos! No sólo pierden todo respeto humano, sino que no pueden desempeñar ningún cargo civil... Por eso seamos siempre honestos, alejando de nuestra mente todo mal pensamiento, y permanezcamos siempre con el corazón dirigido hacia Dios, quien nos ha creado y colocado sobre la tierra para conocerlo, amarlo y servirlo en esta vida y después de gozar Él eternamente en la otra.

14 NOVIEMBRE
Santos José de Pignatelli, Rufo, Lorenzo O'Toole, Serapio

Si necesitamos paciencia para tolerar las

miserias ajenas, más aún debemos soportarnos a nosotros mismos.

15 NOVIEMBRE
Santos Alberto Magno, Marino y Aniano, Leopoldo, José Pignatelli

En tus diarias infidelidades, humíllate, humíllate, humíllate siempre. Cuando el Señor te vea humillado hasta el suelo, te tenderá su mano. Él mismo pensará en atraerte hacia Él.

16 NOVIEMBRE
Santos Margarita de Escocia, Gertrudis, Roque y Alfonso

La forma de obligar a Dios a acudir en nuestra ayuda es la humildad del espíritu, la contrición del corazón, la oración confiada.

17 NOVIEMBRE
Santos Isabel de Hungría, Acisclo, Aniano, Hugo, Filipina Duchesne

En estos tiempos tan tristes de la fe muerta, de impiedad triunfante, el medio más seguro para mantenerse exento del pestífero morbo que nos circunda, es el de fortificarnos con el alimento eucarístico.

18 NOVIEMBRE
Dedicación de las Basílicas de S. Pedro y S. Pablo. San Román

Acerquémonos a recibir la eucaristía con una gran fe y con una gran llama de amor, y no dudemos en esperar, de ese dulcísimo amigo, ser consolados en esta vida.

19 NOVIEMBRE
Santos Abdías, Matilde, Rafael Kalinowski, Inés de Asís

Sed vigilantes cuando meditéis. Generalmente los que se entregan a la meditación, lo hacen con una especie de arrogancia, tan ansiosos están por encontrar el sujeto susceptible de consolar su espíritu, y esto es suficiente para impedirles encontrar lo que busca.

20 NOVIEMBRE
Santos Crispín, Edmundo, Francisco J. Cân

Practicad con perseverancia la meditación a pequeños pasos, hasta que tengáis piernas fuertes, o más bien alas. Tal como el huevo puesto en la colmena se transforma, a su debido tiempo, en una abeja, industriosa obrera de la miel.

21 NOVIEMBRE
Presentación de la Virgen María.
Santos Gelasio I, Mauro, Rufo

La Virgen María promueve el amor de los hijos hacia el vicario de Jesucristo aquí en la tierra, y un día nos mostrará a Jesús en el resplandor de su gloria.

22 NOVIEMBRE
Santos Cecilia, Filemón, Benigno

Conviene acostumbrarse a los sufrimientos que el Señor quiera enviarles. Jesús, que no puede soportar tenerlos por largo tiempo en aflicción, vendrá a animarlos y reconfortarlos, infundiendo nueva valentía a su espíritu.

23 NOVIEMBRE
Santos Clemente I, Columbano, Lucrecia.
Beato Miguel A. Pro

Sufres; resígnate pero no temas, porque Dios está contigo y tú no lo ofendes, sino que lo amas; sufres, pero también cree que Jesús mismo sufre en ti, por ti y contigo. Jesús no te ha abandonado cuando huías de Él, mucho menos te abandonará ahora, y después que quieres amarlo. Dios puede rechazar todo en una criatura, porque todo sabe de corrupción, pero jamás puede rechazar en ella el deseo sincero de querer amarlo.

24 NOVIEMBRE
Santos Andrés Dung-Lac, Crisógono, Flora y María, Mateo Alonso

No queremos persuadirnos de que el sufrimiento es necesario para nuestra alma, de que la cruz deber ser nuestro pan cotidiano. Así como el cuerpo tiene necesidad de alimento, así el alma tiene necesidad de la cruz, día por día, para purificarse y despegarse de las criaturas. No queremos comprender que Dios no puede salvarnos ni santificarnos sin la cruz, por ello, cuanto más atrae Él hacia sí un alma, más la purifica por medio de la cruz.

25 NOVIEMBRE
Santos Catalina, Moisés, Pedro y Águeda Yi

¿Quién os ha sostenido hasta ahora en los sufrimientos corporales y espirituales? Ha sido Jesús. Él ha estado con vosotros, Él os ha amado. Y estará siempre con vosotros hasta terminar la obra comenzada en cada uno de nosotros.

26 NOVIEMBRE
Santos Juan Berchmans, Delfina, Conrado. Beato Santiago Alberione

Haz que no turbe tu alma el triste espectáculo de la injusticia humana. Incluso ésta, en la economía de las cosas, tiene su valor.

27 NOVIEMBRE
Ntra. Sra. de la Medalla Milagrosa. Santos Facundo y Primitivo

La Virgen María, por su inefable bondad, nos da la fuerza para soportar hasta el fin las pruebas de la caridad.

28 NOVIEMBRE
Santos Catalina Labouré, Esteban, Andrés Trân

Si haces el bien, alaba y agradece a Dios. Si

sucede que obras mal, humíllate, enmiéndate, pide ayuda y sigue adelante por el buen camino. Todo vicio tiene su remedio y virtud contraria. La ira se derriba con la mansedumbre; la envidia, con la caridad; la soberbia, con la humildad.

29 NOVIEMBRE
Santos Saturnino, Iluminada, Francisco A. Fasani

Aunque hubieras cometido todos los pecados de este mundo, Jesús te repite: te quedan perdonados los muchos pecados porque has amado mucho.

30 NOVIEMBRE
Santos Andrés Apóstol, Cutberto, Tadeo Liu

El pecado, cuando va seguido por el dolor profundo de haberlo cometido, por el propósito leal de no volver a cometerlo, por la sensación viva del gran mal que con él causamos a la misericordia de Dios; cuando, desgarradas las más duras fibras del corazón, logra hacer brotar de estas lágrimas ardientes de arrepentimiento y de amor, el pecado mismo se convierte en una pequeña grada que nos acerca, que nos levanta, que más seguramente nos conduce a Él.

DICIEMBRE

1 DICIEMBRE
Santos Nahún, Florencia, Eligio, Edmundo. Beato Carlos de Foucauld

Tienes la penitencia de pensar con dolor en las ofensas hechas a Dios; la penitencia de ser constante en el bien, la penitencia de combatir tus defectos.

2 DICIEMBRE
Santos Habacuc, Bibiana, Silverio

Corramos confiados al tribunal de la penitencia, en donde Él con ansiedad de Padre nos espera en todo instante. No dudemos del perdón solemnemente pronunciado sobre nuestros errores. Coloquemos sobre ellos, como lo hizo el Señor, una piedra sepulcral.

3 DICIEMBRE
Santos Francisco Javier, Sofonías, Lucio, Casiano

Mediante una sumisión completa y ciega os sentiréis guiados en medio de las sombras, las perplejidades y las luchas de la vida. *"El hombre obediente cantará victoria",* nos dice la Escritura. Si Jesús se manifiesta a vosotros, dadle también las gracias; si se oculta a vuestra vista, dadle también las gracias. Todo esto compone el yugo del amor.

4 DICIEMBRE
Santos Juan Damasceno, Bárbara, Juan Taumaturgo, Bernardo

No escuchéis lo que os dice vuestra imaginación. Por ejemplo: que la vida que lleváis es incapaz de guiaros al bien. La gracia de Jesús vela y os hará obrar para ese bien.

5 DICIEMBRE
Santos Sabas, Juan Almond, Crispina

La religión es un taller de trabajo preciso donde cada alma debe aprender a dejarse recortar, cepillar y lijar por el Espíritu divino.

6 DICIEMBRE
Santos Nicolás, Pedro Pascual

No te acuestes nunca sin antes haber examinado tu conciencia sobre todo lo que hiciste durante el día, sin haber dirigido todos tus pensamientos a Dios, y concluyendo con el ofrecimiento y consagración de toda tu persona y de todos los cristianos.

7 DICIEMBRE
Santos Ambrosio, Sabino, Urbano, Fara

Levantemos los corazones llenos de confianza en Dios, humillémonos ante su mano poderosa, aceptemos de buen grado las tribulaciones a las que nos somete la piedad del Padre celestial, a fin de que sea ensalzada su gloria en el tiempo de su visita.

8 DICIEMBRE
INMACULADA CONCEPCIÓN DE MARÍA.
Santa Narcisa de Jesús

Jesús, quien reinaba en el cielo con la humanidad santísima que había tomado de las entrañas de la Virgen, quiso también que su Madre no sólo con el alma, sino también con el cuerpo, se reuniera con Él y compartiera plenamente su gloria. Y eso era lo justo y digno. Ese cuerpo que ni siquiera durante un instante había sido esclavo del demonio y del pecado, tampoco lo debía ser de la corrupción.

9 DICIEMBRE
Santos Juan Diego, Leocadia, Siro, Pedro Fourier

La humildad quiere su parte. También María, la Madre de Jesús, sabía que a través de la muerte de Él se obraba la redención del género humano. Sin embargo, ella lloró y sufrió, ¡y cuánto sufrió!

10 DICIEMBRE
Ntra. Sra. de Loreto.
Santos Eulalia de Mérida, Mauro, Gregorio III

María, la Madre de Jesús y Madre nuestra, os haga comprender todo lo que encierra el secreto del dolor, cristianamente soportado, y os alcance toda la fuerza necesaria para poder subir hasta la cumbre del Calvario, cargados con la propia cruz.

11 DICIEMBRE
Santos Dámaso, Maravillas de Jesús, Daniel, Sabino

Para realizar la imitación, es necesario la cotidiana meditación y la asidua reflexión sobre la vida de Jesús. Del meditar y del reflexionar nace la estima de sus actos, y de la estima el deseo y el consuelo de la imitación.

12 DICIEMBRE
Ntra. Sra. de Guadalupe (América). Santos Israel, Simón Phan

Oh María, Madre dulcísima, mediadora y dispensadora de todas las gracias, desde lo profundo de mi corazón te ruego, te suplico y te pido dar gracias hoy, mañana y siempre, a Jesús, fruto de tu seno.

13 DICIEMBRE
Santos Lucía, Otilia, Autberto

De ninguna manera puedo dispensarte de meditar sólo porque te parece que no sacas nada. El sagrado don de la oración, está colocado en la mano derecha del Salvador, y a medida que estés vacía de ti misma, es decir, del amor del cuerpo y de la propia voluntad, y que te vaya radicalmente bien en la santa humildad, el Señor lo irá comunicando a tu corazón.

14 DICIEMBRE
Santos Juan de la Cruz, Venancio Fortunato, Herón, Pompeyo

Sed vigilantes cuando meditéis. Generalmente los que se entregan a la meditación, lo hacen con una especie de arrogancia, tan ansiosos están por encontrar el sujeto susceptible de consolar su espíritu, y esto es suficiente para impedirles encontrar lo que buscan.

15 DICIEMBRE
Santos Valeriano, Maximino, María Crucificada de Rosa

Cuando tengas distracciones no te distraigas aún más deteniéndote a considerar el porqué y el cómo y el dónde. Así como un viajero que equivoca su camino vuelve al correcto tan pronto como se da cuenta de ello, así también tú debes continuar meditando sin detenerte en las distracciones que tuviste.

16 DICIEMBRE
Santos Ageo, José Mañanet, Everardo, Adelaida

Con la oración se busca a Dios; en la meditación, se le encuentra y saborea. Procurad hacer la oración mental, la meditación, y ha-bitualmente acerca de la vida, pasión, muerte y resurrección de Jesús.

17 DICIEMBRE
Santos Juan de Mata, Modesto

Al que no medita le puede suceder como a quien no se mira nunca al espejo, y por tanto no se cuida de salir bien arreglado, aunque puede estar manchado sin saberlo. La persona que medita y dirige su pensamiento a Dios, que es el espejo de su alma, trata de conocer sus defectos, de corregirlos, de moderar sus impulsos y arregla su conciencia.

18 DICIEMBRE
Ntra. Sra. de la O, Esperanza, Macarena. Santos Malaquías, Pedro Nguyen

Cuando se pasa por delante de una imagen de la Virgen hay que decir: "Te saludo, oh María, saluda a Jesús de parte mía".

19 DICIEMBRE:
Santos Anastasio I, Urbano, Gregorio

Jesús está siempre con nosotros, y está tan cerca de nosotros que nos ama y nos sostiene en la lucha espiritual. Él está siempre allí para escudarnos de los golpes del enemigo para que no nos hagan daño.

20 DICIEMBRE
Santos Domingo de Silos, Ceferino, Ursicino

Sé dócil a los impulsos de la gracia, secundando sus inspiraciones y sus llamadas. No te avergüences de Cristo y de su doctrina.

21 DICIEMBRE
Santos Pedro Canisio, Miqueas, Temístocles

Pidamos al divino Niño que nos revista de humildad ya que sólo con esta virtud podremos gustar este misterio lleno de divinas ternuras.

22 DICIEMBRE
Santos Queremón, Isquirión, Francisca Javiera Cabrini

El amor del Niño de Belén es incomparable

para las almas. Él viene para morir con el fin de salvar, y es tan humilde, tan dulce y tan amable...

23 DICIEMBRE
Santos Juan de Kety, Ivón, Juan Stone, María Margarita

Todas las fiestas de la Iglesia son hermosas... pero la Navidad tiene una ternura, una dulzura infantil que atrapa todo mi corazón.

24 DICIEMBRE
Santos Antepasados de Jesús, Delfín, Tarsila

Madre mía María, condúceme contigo a la gruta de Belén y hazme abismar en la contemplación de lo que es grande y sublime para desarrollarse en el silencio de esta grande y hermosa noche.

25 DICIEMBRE
NATIVIDAD DEL SEÑOR

Pobreza, humildad, abyección, desprecio rodean al Verbo hecho carne; pero nosotros desde la oscuridad en la que este

Verbo hecho carne está envuelto comprendemos una cosa, escuchamos una voz, vislumbramos una sublime verdad. Todo esto lo hiciste por amor, y no nos invitas sino al amor, no nos hablas sino de amor, no nos das sino pruebas de amor.

26 DICIEMBRE
Santos Esteban, Dionisio, Zenón, Zósimo
¡Qué hermosas enseñanzas salen de la gruta de Belén! ¡El corazón debería sentirse iluminado de amor por aquel que se hizo todo ternura para nosotros...!

27 DICIEMBRE
Santos Juan Evangelista, Fabiola, Teodoro
El nacimiento de nuestro pequeño Salvador y Señor anuncia cantando y canta anunciando que Él publica alegría, paz y felicidad a los hombres de buena voluntad.

28 DICIEMBRE
Santos Inocentes, Antonio, Gaspar de Búfalo
Jesús llama a los pobres y sencillos pastores por medio de los ángeles para manifes-

tarse a ellos. Llama a los sabios por medio de su misma ciencia. Y todos, movidos por el influjo interior de la gracia, corren hacia Él para adorarlo. Nos llama a todos nosotros con las divinas inspiraciones y se comunica con nosotros en su gracia.

29 DICIEMBRE
Santos Tomás Becket, David Rey, Martiniano, Marcelo

Jesús desde su nacimiento nos señala nuestra misión, que es la de despreciar lo que el mundo ama y busca.

30 DICIEMBRE
Sagrada Familia. Santos Félix, Hermes, Rainiero, Rogelio

Tus ternuras conquistan mi corazón y quedo prisionero de tu amor, oh Niño celestial. Permite que al contacto de tu fuego mi alma se derrita de amor, y tu fuego me consuma, me queme, me incinere aquí a tus pies y quede derretido por amor y glorifique tu bondad y tu caridad.

31 DICIEMBRE
Santos Silvestre, Columba, Melania, Juan F. Regis

Que Jesús Niño sea la estrella que te guíe a lo largo del desierto de la vida presente.